STEPHAN ZINNER

DIE BADEWANNE DES TODES

2. Auflage 2022, 1. Auflage 2018

94234 Viechtach Bahnhofsplatz 2a
www.lichtung-verlag.de

Umschlagillustration: Christoph Gremmer
Herstellung: CPI buchbücher.de GmbH, Birkach
ISBN 978-3-941306-79-0

Stephan Zinner

DIE BADEWANNE DES TODES

mit Illustrationen
von Christoph Gremmer

edition lichtung

RICO, HANS, DIE BOMBE UND ICH

Der Mann saß auf einem Klappstuhl. Er war keine Gazelle. In der linken Hand hielt er ein mächtig belegtes Sandwich. Vor seinem rechten Fuß stand eine hellblaue Thermoskanne. Er trug eine Warnweste, deren Aufschrift ich nicht genau entziffern konnte, da sie von der Stuhllehne fast komplett verdeckt wurde. Beständig pfiff er eine Melodie.

Mir ist übrigens in letzter Zeit aufgefallen, dass immer mehr Menschen Warnwesten als normales Kleidungsstück tragen. Das finde ich sehr erstaunlich, da Neongelb oder Neonorange sogar ein Supermodel in optische Schwierigkeiten bringen kann. Wahrscheinlich erhoffen sich diese Menschen besseren Schutz vor rüden Verkehrsteilnehmern, und man muss schon zugeben, dass sich der Straßenverkehr immer mehr zur Kampfzone ausweitet. Ich denke, die Sache mit den Warnwesten funktioniert aber genau umgekehrt: Man kann die extrem gut sichtbaren Menschen besser anvisieren und umfahren. Das klingt sicherlich brutal, doch bei vielen Fahrern hat man den Eindruck, genau darum geht's. Es eilt schon sehr da draußen. Und wo müssen die denn alle hin? Gerade Rentner scheinen extrem getriebene Menschen zu sein.

Doch zurück zu dem Mann auf dem Klappstuhl. Irgendwie interessierte er mich. Mit unglaublicher Ruhe schaute er in ein Loch, in dem sich ein weiterer Mann befand, der mit einer Schaufel Erde nach oben schippte. Ich kam von der Joggingstrecke. Die Waage und das Weißbier hatten sich gegen mich verschworen, und so blieb mir nichts anderes übrig, als mich sportlich zu betätigen. Ich bog gerade auf den Josephsplatz ein, als ich die zwei Herren sah. Ich näherte mich, stellte mich neben den Mann auf dem Klappstuhl und fragte, was

er denn beobachtete. Er deutete auf seinen Rücken. Während ich hinter ihn trat, lehnte er sich leicht nach vorn. Ich las, was auf seiner Warnweste stand: „Kampfmittelräumdienst".
„Muss ich mir Sorgen machen?", fragte ich.
Er schüttelte den Kopf.
„Reine Routine."
Dann erklärte er mir in ruhigem Ton, dass die Alliierten damals im Zweiten Weltkrieg schon ganz schön was runtergehauen hätten. Nur drei Viertel der Bombenlast seien explodiert. Was im Umkehrschluss heißt, dass ein Viertel noch irgendwo da unten auf Bergung oder Schlimmeres wartet.
Nachdenklich nickte ich. Mir kam die missglückte Sprengung der Fliegerbombe an der Münchner Freiheit vor einem Jahr in den Sinn. Bei der hatten sie ja ganz schön was abgefackelt.
Gerade als ich weitergehen wollte, hörte ich aus dem Loch ein metallisches Geräusch, „KLING", kurz darauf gefolgt von einem „Oha".
„Was ist?", fragte der Mann auf dem Klappstuhl.
„Nichts Gutes, Hans", kam es aus dem Loch.
„Oh Mann, sowas passiert immer mir!"
Er holte ein Handy aus seiner Hosentasche. Während er auf das Display starrte, schnaufte er laut: „Mist, der Akku ist leer!"
Er schaute zu mir. Ich schüttelte den Kopf. Auch der Mann mit der Schaufel war keine Hilfe. Der Hans erhob sich von seinem Klappstuhl. Hilfesuchend blickte er um sich. Sein Mitarbeiter und ich taten dasselbe. Der Platz war leer. Nur ein paar Tauben tapsten in unserer Nähe herum. Als sie uns sahen, beschlossen sie aber instinktiv, den Standort zu wechseln.
Der Hans zog seine Warnweste aus und drückte sie mir in die Hand.
„Hier, nehmen Sie, ich geh schnell telefonieren."
„Was", keuchte ich, „das kann ich nicht!"
Ich wollte keine Warnweste.
„Einer muss aufpassen!"
„Genau", pflichtete der Mann im Loch ihm bei.

„Aber ich hab doch überhaupt keine Ahnung von Bomben!"
„PSSSCHT", zischten die beiden Männer.
„Nicht das Wort sagen", mahnte Hans, „da kriegen die Menschen Angst."
„Ich habe Angst", sagte ich mit zittriger Stimme.
„Jetzt sind Sie mal keine Memme", schnauzte mich Hans streng an.
„Genau", kam es aus dem Loch.
„Hier, anziehen!" Er hielt mir die Weste entgegen.
„O. k., aber wenn ich sterbe, wird Ihnen meine Frau den Kopf abreißen!"
Die beiden Männer lachten kurz.
Hans ging. Ich setzte mich auf den Klappstuhl. Das Sandwich hatte er mitgenommen.
Der Mann im Loch stellte sich mir als Rico vor und bot mir eine Zigarette an.
„Dürfen Sie das, neben der …, na, Sie wissen schon?", wollte ich wissen.
„Ach, das macht nichts, da muss man schon mit dem Hammer draufhauen, damit was passiert."
Also rauchten wir und unterhielten uns über das Leben. Ricos Frau hatte ihn vor einem Jahr verlassen und war mit einem Metzgermeister aus Sendling nach Mallorca abgehauen, um dort mit „Original-Münchner-Leberkäse" ihr großes Glück zu machen. Der Metzger war dann bei einem Badeunfall ums Leben gekommen. Naja, eigentlich soll er besoffen von einem Boot gefallen sein und dann sei ihm ein Jetskifahrer über den Kopf gedonnert. Jetzt sitzt sie allein auf der Insel. „Die soll bloß bleiben wo sie ist, die blöde Kuh", meinte Rico. Ich fragte ihn, ob er schon viele Bomben gefunden habe, wobei ich das Wort „Bomben" ganz leise aussprach.
„Nee, ist meine erste", sagte Rico trocken.
Er sei dem Hans nur von der Stadt zugeteilt worden. Eigentlich sei er U-Bahnfahrer, aber seit sich so ein Trottel vor zwei

Jahren vor seine U-Bahn geschmissen habe, könne er nicht mehr fahren. Das konnte ich verstehen.
Da saßen wir nun und warteten auf den Hans. Ein paar Schulkinder kamen auf ihrem Heimweg an uns vorbei.
„Bitte zurückbleiben", rief ich.
Die Kinder hörten natürlich nicht und umschwärmten uns. Ein Mädchen hinter mir fragte: „Ist da eine Bombe drin?"
„Pssst", zischten Rico und ich gleichzeitig, was das Interesse der Kinder natürlich um ein Vielfaches erhöhte. Als Bomben-Verschweiger waren wir absolute Nieten. Die Kids bildeten einen Halbkreis. Ich änderte die Taktik: „O. k., ihr dürft es aber keinem sagen …"
Die Kinder nickten eifrig.
„Wisst ihr, was eine Phosphorbombe ist?", fragte ich.
Ihre Blicke zeigten eine große Leere, bis auf einen Jungen im Lacoste-Poloshirt, der vortrat: „Eine Phosphorbombe ist eine Brandbombe, die ein Gemisch aus weißem Phosphor und Kautschuk enthält. Der Phosphor kann sich beim Freilegen von selbst entzünden und zum Beispiel die Ausstoßladung zur Explosion bringt. Es brennt mit bis zu 1300 Grad Celsius", sagte der Streber und ergänzte: „Ich lerne regelmäßig Wikipedia-Artikel auswendig. Mein Vater hat eine große Waffensammlung und der Opa war nicht bei der SS."
„Das ist schön", sagte Rico.
Wir konnten uns ein Grinsen nicht verkneifen.
„Hört mal, Kinder, da unten ist so eine Phosphorbombe! Ihr müsst jetzt ganz leise nach Hause gehen. Und das Wichtigste, ihr müsst ganz sanft auftreten, sonst könnten die Erschütterungen das Ding zur Explosion bringen. Und zu Hause dürft ihr auf keinen Fall etwas davon erzählen, das ist streng geheim."
Ich drehte mich und deutete auf meine Warnweste.
„Habt ihr das verstanden?", fragte ich.
Die Kinder nickten ängstlich. Ganz, ganz vorsichtig entfernten sie sich.

Rico war im Loch verschwunden. Man hörte von ihm nur noch ein Glucksen. Als er wieder auftauchte, hatte er Tränen in den Augen. Wir rauchten noch eine. Dann kam Hans. In 20 Minuten würden die Kollegen eintreffen.
„War was?“, fragt er uns.
„Nein.“
„Nein, überhaupt nichts.“
Der Hans musterte uns, anscheinend schien er uns nicht zu trauen. Dann verlangte er die Warnweste zurück. Ich war enttäuscht. Ich fragte ihn, ob ich sie vielleicht behalten dürfte, quasi als Erinnerungsstück. Er verneinte entschieden.
Schade, ich hatte meine Meinung über Warnwesten geändert. Wobei es wahrscheinlich auch am Schriftzug „Kampfmittelräumdienst“ lag.
Vielleicht sollte ich mir selber so eine basteln. Das wäre die Lösung für etwaige Kindergeburtstage. Wenn die Veranstaltung aus dem Ruder laufen sollte, würde ich einfach die Jacke anziehen, „Pssst“ machen, dann auf meine Warnweste zeigen und schon wäre Ruhe im Karton.
Am nächsten Tag ging ich wieder zur Fundstelle. Zu meinem Erstaunen hatte ich in den Nachrichten nichts von einer Bombenbergung bei uns im Viertel gehört und wollte mir deshalb selber ein Bild machen. Als ich auf den Platz kam, war dort nichts. Das Loch war feinsäuberlich zugeschüttet worden. Auch waren keine Personen vom Kampfmittelräumdienst, der Polizei oder der Feuerwehr zu sehen. Nur wer genau hinschaute, konnte erkennen, dass vor Kurzem die Bodenplatten bewegt worden waren. Das einzig wirklich Ungewöhnliche war ein kleines rotes Kreuz am Boden, genau an der Stelle, an dem sich gestern Rico, Hans, die Bombe und ich befunden hatten. Weit und breit war keine einzige Taube zu sehen.

DIE BADEWANNE DES TODES

Zunächst möchte ich dem Verdacht entgegenwirken, der eventuell auf Grund des Buchtitels entstehen könnte, ich würde mich oft in der Badewanne aufhalten – das stimmt nicht. Der erste Grund dafür ist, dass Duschen bei meiner Haarpracht in den meisten Fällen, außer bei sehr großer Verschmutzung, locker ausreicht, und zweitens scheint es auf den Rest der Familie eine schier magische Anziehungskraft auszuüben, wenn ich einmal ein Vollbad nehme. Ist dies der Fall, werden im Badezimmer unverzüglich Familiensitzungen abgehalten, Besprechungen einberufen, Abstimmungen durchgeführt, die verständlicherweise nicht unbedingt zur Entspannung des Badenden beitragen.

Außerdem erlaube ich mir eh nicht öfter als alle drei Monate eine Wanne mit Wasser vollzumachen, da mir mein Sohn in seiner Weltenretter-Phase, die in den Lebensjahren 12 bis 14 voll zur Geltung kam, in schöner Regelmäßigkeit erläuterte, dass ich durch meinen Badevorgang direkt für die nächste Dürrekatastrophe in der Sahelzone verantwortlich bin. Ich weiß nicht genau, wie mein verschwendetes Wasser über die Alpen kommen soll; auch wurde die Frage, ob der Herr Weltenretter und seine Gesinnungsgenossen „mein" Wasser mit Eimern nach Afrika tragen wollten, nur mit einem abschätzigen Schnaufen beantwortet. Dennoch hat er mir mit seinem negativen Dahergerede das Vollbaden schon ein wenig verleidet. Es kostet mich große Selbstdisziplin, meinem mittlerweile 17 Jahre alten Sohn und Langhaarträger nicht vorzuhalten, dass er mit seinen konstant langen Duschvorgängen, bei denen nebenbei noch Unmengen an Duschmittel verbraucht werden, selbst für einige Hungerkatastrophen in Zentralafrika direkt verantwortlich ist.

Aber starten wir mit der Beschreibung des Zinnerschen Badezimmers, damit Sie für die nächsten Seiten ein besseres Bild vom Haupthandlungsort haben (siehe Skizze auf der gegenüberliegenden Seite …):
Die Größe wird im Mietvertrag mit 5 m^2 angegeben. Ich habe gerade nachgemessen und werde morgen den Vermieter verklagen. Es sind 4 m^2. Wenn man also eine Familienvollsitzung mit 5 Mitgliedern einberuft, bleiben jedem Familienmitglied, abgesehen von der in der Badewanne befindlichen Person, die für sich 2 m^2 beanspruchen darf, theoretisch 0,5 m^2, was aber nicht stimmt, da unser Wäschetrockner fast einen halben Quadratmeter verbraucht und das gegenüberliegende Waschbecken auch einen gewissen Raum für sich einnimmt. Folgerichtig bleiben jedem der vier stehenden Familienmitglieder, sitzen ist bei Sitzungen verboten, 0,25 m^2, was machbar ist, da alle, außer mir, sehr schlank sind.
Die Farbe unseres Badezimmers ist gewöhnungsbedürftig. Sie ist gelb.
Ja, gelbe Fliesen zieren unsere Wand, nicht sonnengelb oder zitronengelb, nein, eher etwas in Richtung ocker. Man könnte den Eindruck gewinnen, der verantwortliche Farbmischer war an dem Tag der Mischung leicht angetrunken oder traurig oder beides. Wir haben uns aber mit der Zeit an die Farbe gewöhnt und sie durchaus lieb gewonnen. Sie zeugt von Individualität und Mut. Nicht wie so oft bei anderen Menschen. Ich darf mir die Aussage erlauben, da ich in meiner Funktion als Fahrdienstleiter der Familie Zinner permanent in fremde Wohnungen und deren Nassräume komme. Der Ablauf ist immer der gleiche. Unser Kind ist zum Zeitpunkt meines Eintreffens natürlich noch nicht fertig angezogen, was zur Folge hat, dass ich warten muss. Um dann dem sich anbahnenden Überbrückungsgespräch aus dem Weg zu gehen, täusche ich klebrige Hände vor und frage nach dem Badezimmer. Dort angekommen, sehe ich oft Erstaunliches. Von der Größe will ich nicht reden, da mir das durch die

Badezimmer Familie Zinner

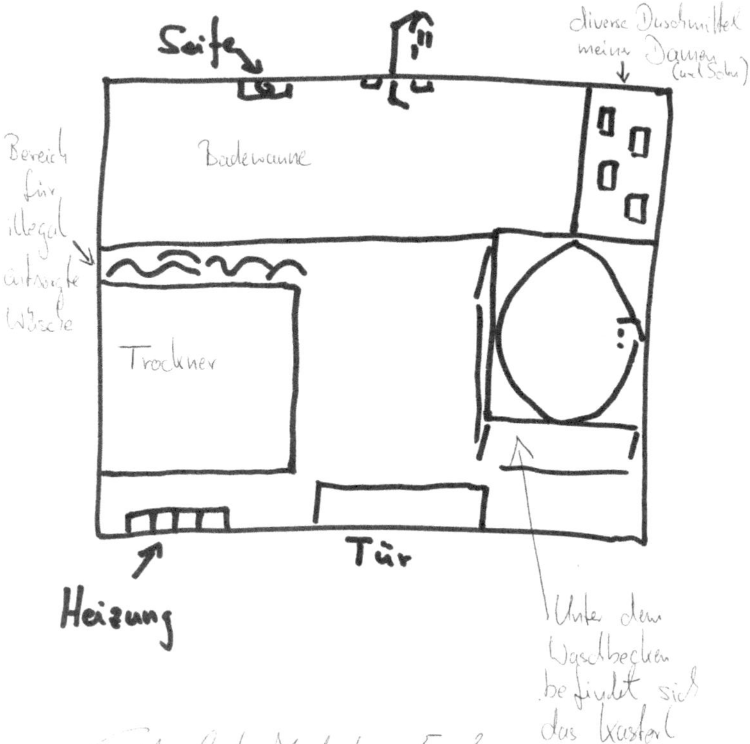

Größe laut Mietvertrag 5 m²
→ Das ist gelogen!
Wahre Größe <u>4 m²</u> !!!

vorherige Beschreibung unserer bescheidenen Möglichkeiten sicherlich als Neid ausgelegt werden könnte. Nein, ich rede von den Farben: Pastelltöne, scheint mir, sind extrem angesagt. Zart, pudrig und hell – eine geradezu teuflische Mischung. Barbie und Ken leben in so einer zarten und pudrigen Welt. Ich bekomme bei diesen Farben schlagartig Migräne, die allerdings nach Verlassen des Heile-Welt-Badezimmers zum Glück schnell wieder verschwindet.

Oft stehen diese zarten Farben ganz im Gegensatz zu der harten Sprache der Überbrückungsgespräche. Das Lehrer-Bashing ist sehr verbreitet. Die anwesenden Erziehungsberechtigten lassen meist kein gutes Haar an der Fachkraft. Für die Probleme der Kinder werden selbstverständlich die Lehrer verantwortlich gemacht und nie die Eltern mit ihren Pastell-Badezimmern. In Amerika arbeitet man an einer Studie, die die direkte Auswirkung von solchen Badezimmern auf Heranwachsende beschreibt. Ich fürchte, ich kenne das Ergebnis …

Doch genug von anderen Nassräumen und anderen Problemen, zurück zu unseren. Da wir, wie beschrieben, sehr wenig Platz haben, kommt dem Badezimmer-Kasterl, das sich unter dem Waschbecken befindet, eine geradezu magische Funktion zu: Es muss alles, also wirklich alles, aufnehmen.

Und das macht dieses magische Kasterl tatsächlich tapfer, so als wurde es höchstpersönlich von Harry Potter in Hogwarts zusammengebaut. Es hat sich in all den Jahren eine Fähigkeit angeeignet, die es ihm ermöglicht, die Rückwand, je nach Bedarf, etwas nach hinten zu beulen. Ebenso kann es sich, je nach Anforderung, leicht nach rechts oder links neigen, kommt aber dann, nach Entlastung, wieder in den Ausgangszustand zurück – wie gesagt: fucking magic. Von mir befindet sich im Kasterl eine Ersatzzahnbürste und ein kleines Fläschchen Duschgel, für den Fall einer weiten Auslandreise ins hintere Niederbayern inclusive Übernachtung. Der Rest des Kasterls wird von meiner Frau beansprucht. Weitere Ausführungen

über den Sinn des Hortens von Pröbchen oder Ähnlichem übergehe ich verliebt.
Zur Grundausstattung des Kasterls zählt außerdem ein Föhn, den ich nicht mag, denn er ist laut und gefährlich. Ich erkläre meine Abneigung:
Es war ein Badetag. Wir wollten die Schwiegereltern besuchen. Meine Frau hatte nach konzentrierter Haarewaschung das Badezimmer verlassen und mir die Erlaubnis zur Benutzung gegeben. Ich war in den letzten Tagen viel im Auto unterwegs gewesen und hatte ein steifes Kreuz, dem ich mit einem heißen Vollbad entgegenwirken wollte. Deshalb ließ ich mir Wasser ein, fügte ein paar Tropfen eines asiatischen Was-weiß-ich-Mittels dazu, begab mich ins Nass und nickte ein. Bis dahin klingt das sehr schön, nur entlockte dieses ungewohnte asiatische Mittel meinem Gehirn einen sonderbaren Traum:

Ich war auf dem Weg zum Drogeriemarkt, um ein Duschgel zu kaufen, eines, das meine Frau riechen kann. Ich pfiff gerade eine Versicherungsmelodie, als ich auf der anderen Straßenseite einen Mann sah, der einen Hund auf dem Arm trug. Der Träger war ein ziemlicher *Schnösel (Worterklärung siehe Anhang).* Irgendwie wollte ich in diesem Traum den Hund aus den Händen seines Herrchens befreien. Doch während ich mich den beiden näherte, kam mir in den Sinn, dass dieses arme Tier wahrscheinlich in Freiheit keine Stunde überleben würde. Es wäre vollkommen überfordert, wenn es sich selbst bewegen müsste. Denn schließlich wurde es seit seiner perfekt terminierten Geburt getragen. Ich verlangsamte zwar die Geschwindigkeit, ging aber weiter. Am Himmel sah ich ein paar Geier kreisen. Als ich wieder nach unten schaute, erblickte ich einen Bus der Münchner Verkehrsgesellschaft, der sich von der Seite näherte, es war der nach Moosach. Mir schwante nichts Gutes. Der Schnösel war dermaßen mit Telefonieren beschäftigt, dass er beim Überqueren der Straße den herannahenden MVG-Bus übersah und von ihm durch die Luft katapultiert wurde.

Nach etwa 50 Metern kam der Bus zum Stehen. Der Mann schlug mit einem dumpfen Bumm in einem türkischen Obststand auf.

Ich drängte mich durch die schnell anschwellende Menschenmasse. Ich wollte helfen. Als ich den Verwundeten erreichte, war ich erstaunt. Der Mann hatte keine sichtbaren Verletzungen davongetragen. Lediglich beim Atmen gab er komische Pfeiftöne von sich. Bei den Umstehenden herrschte Ratlosigkeit. Keiner wusste, wie es weitergehen sollte. Ich gab mich als Arzt aus und kniete mich zu dem Verletzten, kontrollierte den Puls, die Atmung und die Reflexe, orderte einen Schokoriegel und einen Krankenwagen. Einen Hubschraubereinsatz in der Innenstadt hielt ich bei seinem stabilen Zustand für übertrieben. Erstaunlicherweise fühlte ich mich kein bisschen schlecht dabei.

Plötzlich, es wurden schon wieder Scherze über den sicherlich vollkommen zusammenbrechenden MVG-Fahrplan gemacht, hörten wir etwa 30 Meter entfernt von uns einen markerschütternden Schrei: Der Hund war tot. Eine Frau im Pelzmantel brach lautstark zusammen. Ich wurde von den Passanten gebeten, mich ärztlich um das Tier zu kümmern. Ich aber entgegnete, dass man doch schon von Weitem an der Tatsache, dass das Tier alle vier Pfoten in den Himmel gestreckt hatte, erkennen könne, dass es tot war. Außerdem war es ein echt hässliches Vieh, das im Hundehimmel bestimmt in den hintersten Teil des Geheges verbannt werden würde. Ob ich ein Hundehasser sei, wurde ich gefragt. Nein, entgegnete ich, Hunde können durchaus hilfreich sein: beim Bergen von Lawinenopfern, auch blinde Menschen könnten sicherlich Nutzen von einem vierbeinigen Helfer an ihrer Seite ziehen, und Jagdhunde würden definitiv ihren Teil zum Gelingen einer sauberen Treibjagd beitragen. Mit einem lauten Bumm imitierte ich einen Gewehrschuss, was ein Fehler war, denn diese Antwort konnte den brodelnden Mob nicht überzeugen. Das Urteil war bereits gefällt. Wie aus dem Nichts tauchten plötzlich Plakate mit der Aufschrift „Hundehasser“ auf, Fackeln wurden angezündet, weiße Ku-Klux-Klan-Mützen wurden aufgesetzt und der Mob rief: „Hängt ihn auf, hängt ihn auf!“

Hilfesuchend schaute ich zu dem türkischen Obststandbesitzer. Ich hoffte, das Mitglied der türkischen Randgruppe würde sich mit mir solidarisieren, aber dieser feige Kerl hatte sich schon längst verpisst. Im Nachhinein denke ich, der Osmane hatte einfach Angst, dass der Mob, wenn er schon einmal dabei war aufzuräumen, auch gleich mit ihm weitermachen und ihn zurück nach Ankara treten würde.

Ein kurzer Gedanke an die Polizei erheiterte mich, da es lächerlich war, an ein Auftauchen der Münchner Ordnungskräfte im richtigen Moment zu glauben.

Ich schritt also zum Äußersten: Ich zog meine Waffe.

Hier stockt meine Erinnerung. Irgendwie ging das mit der Waffe in meinem Traum nicht weiter.

Für ein paar Sekunden war ich irritiert, weil der Nazi Bachmann aus Dresden neben mir auftauchte und tanzte. Er war fast nackt. Er trug nur ein rosa Kopftuch. Zum Glück war er schnell wieder weg.

Dann hörte ich mich laut „O. k., dann Plan B“ sagen.

Ich schrie: „Er lebt! Der Hund bewegt sich noch! Lasst mich zu ihm!“

„Ah, oh …“ machte es aus erstaunten Kehlen. Einen Augenblick später erklang der Ruf des Rädelsführers und die johlende Menge öffnete mir einen schmalen Gang zu dem toten Hund.

Ich rief „Es besteht noch Hoffnung!“ und begann unverzüglich mit der Herzdruckmassage. Ich brach dem toten Hund zwar einige Rippen, aber das „Oh“ und „Ah“ der Masse war lauter als das Geräusch von brechenden Hundeknochen. Eine Frau, die extrem penetrant nach Parfüm roch, bei dem mir spontan das Wort *Nuttendiesel (Erklärung siehe Anhang)* einfiel, legte mir eine Hand auf die Schulter und sagte „Danke“. Rhyth-

misches Klatschen setzte ein. Im Hintergrund tanzte der Bachmann wie der Teufel. In diesem Moment bog die Münchner Tierrettung um die Ecke. Weinende Passanten stoppten das Fahrzeug und geleiteten die Sanitäter zu mir. Ich übergab den Patienten mit einem „Ich habe alles gegeben, aber ich glaube, er wird es nicht schaffen". Der Tierarzt-Student klopfte mir auf die Schulter und sagte: „Sie sind ein guter Mensch."
Da bin ich aufgewacht.

Ich habe versucht, diesen Traum zu deuten, bin aber auf keinen grünen Zweig gekommen. Ob normale Menschen auch solche Träume haben? Mir hat mal einer erzählt, er glaube daran, dass es nach dem Tod wie im Traum ist. Das klingt erst mal gar nicht schlecht, aber wenn das dummerweise dann so einer ist, wie gerade beschrieben, steckt man ganz schön in der Scheiße. Mir gefällt ja die Vorstellung vom Himmel im „Brandner Kaspar" mit Weißwürsten, Bier, kitschigen Wolken, ein paar Engerln … aber das wird wohl nix werden. Apropos Tod. In diesem Moment kam meine Frau wieder zurück ins Badezimmer und nahm den Föhn aus dem Kasterl. Sie fragte, ob es mich störe, wenn sie sich noch schnell die Haare föhnen würde. Hier sei, um nicht als Weichei dazustehen, nochmal die Mini-Größe unseres Badezimmers erwähnt.
„Ja, es macht mir was aus. Föhn und Wasser sind nicht die besten Freunde!", war meine Antwort.
Also, ich weiß nicht, wie es bei Ihnen zu Hause ist, aber unser Föhn wird mit Strom betrieben, und von einem wasserdichten Föhn habe ich noch nicht gehört.
„Ach komm, stell dich doch nicht so an!", war die Antwort meiner Frau. Sie sei schließlich Chirurgin und habe absolut ruhige Hände.
„Aber du operierst doch nicht mit einem Föhn!", gab ich von mir, was sie überhaupt nicht mehr kommentierte, sondern das Gerät in Betrieb nahm. Der Sound des Föhns füllte nun die nachgemessenen 4 m^2. Es klang bedrohlich. Und als ob das

noch nicht genug gewesen wäre, rutschte meiner Frau und Top-Chirurgin nach ein paar wilden Schwenkbewegungen der Föhn aus der Hand, um ihn, nach kurzer Jonglage, mit der anderen Hand wieder aufzufangen. Mein Herz wechselte kurz den Rhythmus und stieg auf einen Zwiefachen um. Der einzige Kommentar meiner Frau war „Hoppala!", sonst nichts. „Hoppala" ist ein Wort, das man in solchen Extremsituationen nicht gerne hört. Mir hat mal ein Freund erzählt, bei dem ein operativer Eingriff am Ellenbogen nötig war, dass bei der Operation nur sein rechter Arm narkotisiert wurde und er hinter einem Abdecktuch der Aktion wach folgen konnte.

Jetzt stelle man sich vor, man hört dann vom werkelnden Arzt das Wort „Hoppala". Das ist nicht gut, weil „Hoppala" heißt Ersatzteillager. Ich schwieg also, um meine Frau nicht weiter zu verunsichern. Nach erfolgreichem Föhnvorgang verließ sie ohne ein weiteres Wort zufrieden den Operationssaal – Chirurgin halt ... Bei mir kehrte langsam wieder Entspannung ein und ich dachte an große, pastellfarbene Badezimmer mit mächtigen Wannen.

Unsere Wanne könnte man eher als Durchschnittswanne bezeichnen. Für mich ist sie einen Tick zu klein und für erotische Anwandlungen im Paarmodus vollkommen ungeeignet, dafür müssen wir ins Hotel. Aber sie erfüllt ihren Zweck. Man kann verschlammte Kinder hineinsetzen und abduschen, genauso wie staubige Hauspflanzen. Am Rand der Badewanne sind etliche Shampoos und Duschgels in diversen Schäumungsstärken und Geruchsrichtungen vertreten. Ich darf davon, wenn vom Sohn nicht alle aufgebraucht wurden, eins benutzen – das, das am wenigsten schäumt. Trotzdem möchte ich mich nicht beschweren, da es im Eck noch ein paar bemalte Isarkiesel gibt, auf denen „Papa" oder „Hab dich lieb" steht und die als Dekoration zu verstehen sind. Sie wurden mir von meiner kleinen Tochter feierlich überreicht und dürfen nicht weggeschmissen werden.

Als hätte es meine Tochter gespürt, öffnete sie nur wenige Sekunden später die Badezimmertür. Ihr Auftritt war lustig bis Furcht einflößend, da sie fast komplett in Klopapier eingewickelt war. So hätte sie locker in „Die Mumie“ mitspielen können. Was dieser Aufzug genau bedeutete wurde mir auch auf Nachfrage nicht erklärt. Meine Tochter schloss die Tür und stellte sich kampfeslustig neben die Wanne. Sie musterte mich, dann fragte sie, ob sie etwas in mein Badewasser kippen dürfte. Ich schüttelte den Kopf und sagte laut „Nein!“, was ja nun wirklich nicht falsch interpretiert werden konnte.
Meine Tochter sagte „Super“ und kippte etwas in mein Wasser.
„Was war das?“, fragte ich.
Meine Tochter antwortete nicht, sondern lachte, und zwar so, wie es nur sechsjährige Kinder können, wenn sie etwas ausgefressen haben. Sie war sehr mit sich zufrieden. Ich wiederholte meine Frage, um einen Säureanschlag ausschließen zu können.
„Was war das?“
Sie grinste immer noch und sagte:
„Urzeitkrebse!“
Ich sprang aus der Badewanne.

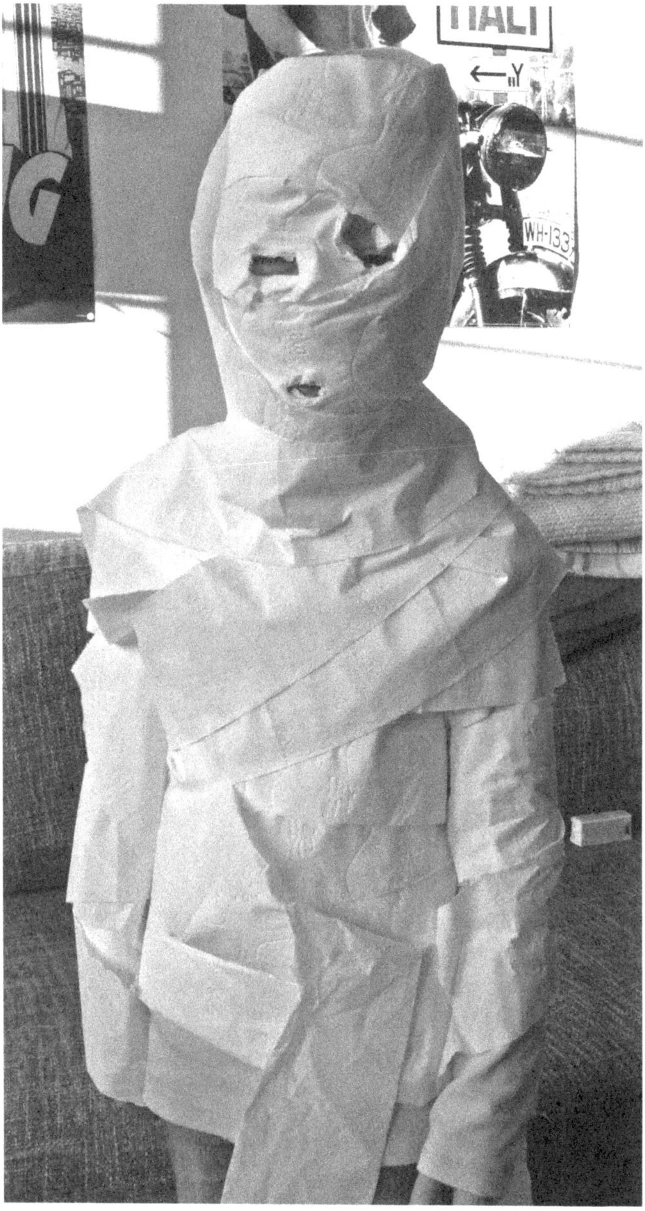
WH-133

DER GOURMET

Der Unterwirt in Pöckling, der seit 60 Jahren von der Familie Haller geführt wird, zählt nicht unbedingt zu den Feinschmeckertempeln dieser Welt, aber ein sauberes Schnitzel kann man dort allemal bekommen, und freundlich sind sie sowieso beim Unterwirt. Irgendwo in Oberbayern liegt dieses Wirtshaus, in diesem verschlafenen Ort mit seinen rund 850 Einwohnern. Es gibt einen sehr guten Metzger, zwei Bäcker und einen Bioladen, der sich aber noch beweisen muss. Einen Touristen kriegt man hier nur selten zu Gesicht, da man zu weit vom Chiemsee und den Bergen entfernt ist. Ebenso muss man nach Altötting noch ein gutes Stück fahren, was heißt, dass man auch von den Pilgern keinen abkriegt. Aber seit sie in nur 10 Kilometern Entfernung vom Ort einen Golfplatz aus dem Boden gestampft haben, der jetzt dort die Gegend verschandelt, kommt ab und zu doch ein Fremder vorbei. So war es auch an jenem sonnigen Oktobersamstag, als Rüdiger Schmidt mit seinem dicken SUV auf dem kleinen Parkplatz vom Unterwirt zwei Parkmöglichkeiten verstellte. Er hatte gerade eine lausige Runde Golf gespielt, weshalb er ziemlich grantig war. Bevor er aus seinem Riesen-Audi ausstieg, fluchte er noch über das nicht vorhandene Netz in Pöckling, dann öffnete er die Tür und schob seinen Wohlstandsbauch, der gerade so von einem mintgrünen Polo-T-Shirt verborgen wurde, aus seinen weißen Ledersitzen in die Freiheit. Im Wirtshaus stand die Rosi am Fenster und blickte sinnierend nach draußen. Als sie den Mann sah, der da wichtig über den Parkplatz flanierte, dachte sie nur:
„Hoffentlich kommt der Großkopferte nicht zu uns."

Doch wie es der Teufel will, öffnete sich nur wenige Augenblicke später die alte Eingangstür mit dem Glasfenster und Rüdiger Schmidt betrat die Gaststube. Ohne zu fragen, setzte er sich an den Stammtisch. Die Rosi ignorierte ihn und sein Verhalten erst einmal professionell, bis der Herr aus der Großstadt – sein Auto hatte ein Münchner Kennzeichen – mit dem Finger schnipste. „Oha, das haben wir hier drinnen ja schon lang nicht mehr gehabt“, dachte die Rosi.
Trotzdem drehte sie sich um und schaute den Gast freundlich an.
„Sie, Kellnerin, kommen Sie mal her“, rief der Münchner in astreinem Hochdeutsch.
Sehr langsam näherte sich die Rosi. „Ich bin die Rosi“, sagte sie, als sie am Stammtisch angekommen war.
Ohne groß darauf zu reagieren, fragte der dicke Gast, welchen Wein sie ihm empfehlen könne.
„Wir haben weiß und rot“, war die professionelle Antwort.
„Von welchem Weingut stammen denn die Weine?“, fragte der Mann.
„Die sind beide aus Österreich. Der Rote hat einen Korken und der Weiße einen Schraubverschluss. Ich würde Ihnen aber den Weißen empfehlen, weil man auf den Roten einen ziemlichen Schädel kriegt.“ Die Rosi schmunzelte. „Das war letztes Mal bei der Aufstiegsfeier von den Fußballern, da sind wir ein bissl länger sitzen geblieben. Und weil der Weiße aus war, hab ich dann auf den Roten umgeschwenkt. Am nächsten Morgen hat es mir dann fast die Kopfhaut abgelöst!“
Der dicke Gast sah mit offenem Mund die Rosi an. Mit so viel Information war er sichtlich überfordert.
„Ähh, ja … dann den Weißen.“
„Gute Entscheidung.“
Die Rosi ging Richtung Schenke, drehte dann aber wieder um, nahm eine Speisekarte vom Nachbartisch und überreichte sie dem Gast.
„Züngerl ist aus.“

Der Mann nahm die Karte. Vorsichtig klappte er sie auf, als habe er Angst davor.
Ausgiebig studierte er den Inhalt. Seinem Gesichtsausdruck nach war er mit dem Angebotenen nicht zufrieden. Als die Rosi ihm den Weißen brachte, fragte er:
„Haben Sie keine Muscheln?"
„Wie bitte?"
„Miesmuscheln, ich hätte Appetit auf Miesmuscheln."
„Ich auch", sagte die Rosi.
„Können Sie nicht mit dem Küchenchef sprechen?"
„Ja, können tu ich das schon, aber bringen wird es Ihnen nicht viel, weil es bei uns noch nie Muscheln gegeben hat."
Die Rosi unterbrach ihre Ausführungen. Es schien sie eine Überlegung zu beschäftigen. „Doch, doch, Entschuldigung, einmal haben wir welche gehabt. Das war bei diesen mediterranen Wochen. Wobei das dann eher mediterrane Tage geworden sind, weil keiner von den Pöcklingern gekommen ist. Da hat es Miesmuscheln gegeben. Das hat dem Robert, das ist der Koch, oder wie Sie sagen, Küchenchef, ganz schön gestunken. Seitdem haben wir keine Muscheln mehr gehabt. Wobei ich den Robert fragen könnte, ob er noch welche von damals eingefroren hat …"
„Nein, nein, danke!" unterbrach sie der dicke Gast schnell. Um sich abzulenken, griff er zu seinem Glas Wein und nahm einen Schluck. Er wirkte erstaunt. „Ui, der hat aber einen kräftigen Abgang."
„Ja, das ist ein ziemlicher Sauerlump. Aber wie gesagt, kein Kopfweh."
„Das ist doch schön", sagte der Mann.
Die Rosi spürte, dass sie dem Gast helfen musste: „Wollen Sie vielleicht ein Schnitzel? Das kann ich sehr empfehlen."
„Oh ja, ein schönes Wienerschnitzel wäre eine feine Sache."
„Wiener Art, haben wir. Die Sau ist drüben beim Metzger Böhm geschlachtet worden. Nicht ganz bio, aber glücklich, bis zum Bolzenschuss."

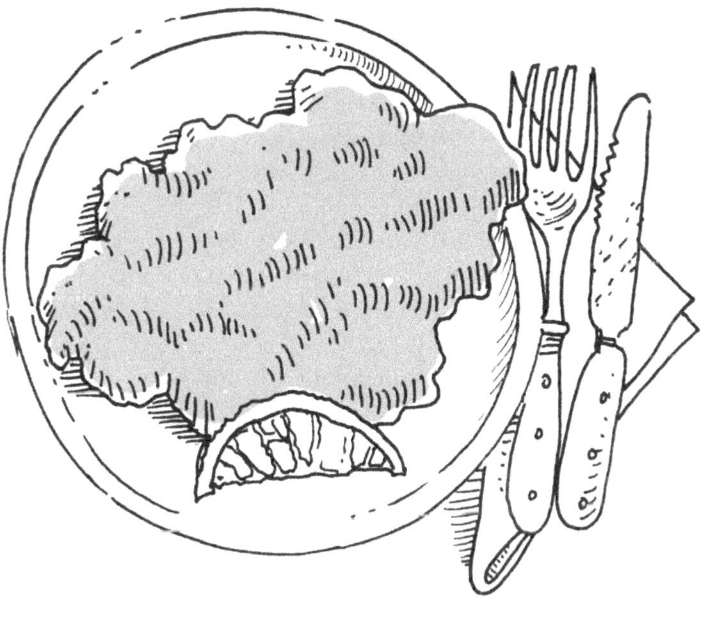

Der Mann nickte. „Na gut, dann bitte so ein Schnitzel."
Die Rosi schrieb zufrieden die Bestellung und brachte sie in die Küche.
Die nächsten Minuten seien folgendermaßen beschrieben: Der dicke Gast bekam zügig sein Schnitzel Wiener Art, das der Robert, wie bei jedem anderen Gast auch, mit viel Liebe und viel Butterschmalz zubereitete. Aus der Küche beobachteten die Rosi und die komplette Küchenbesatzung, wie der Mann nicht recht glücklich wurde mit dem Servierten. Er aß das Schnitzel nur zu einem schwachen Drittel, was dem Robert gehörig gestunken hat. Als der Mann aus München auf die Frage nach den Nachspeisenspezialitäten zur Antwort nur bekam, dass es von der Mutter vom Robert einen Käsekuchen und selbstgebrannten Zwetschgenschnaps gab, verlangte er mürrisch die Rechnung, zahlte und verschwand ohne ein gescheites Trinkgeld. Beim Ausparken hat er dann noch einen Holzpfosten angefahren, und zwar so, dass sein SUV ganz schön geblinkt hat vor Erstaunen. Das hat die Stimmung der Belegschaft vom Unterwirt wieder nach vorne gebracht. Der unzufriedene Gast hat dann in diversen Internetforen über diese Frechheit von einem Essen beim Unterwirt geschimpft, was aber keine Sau in Pöckling interessiert hat. Da ist eine schlechte Internetverbindung auch wieder ein Segen.

Auf den Tag genau drei Wochen später passierte dann Folgendes: An diesem Samstag, im mittlerweile schon eingezogenen November, verirrte sich Johann Baum, seines Zeichens Restaurantkritiker und Feinschmecker, nach einem Besuch der Salzburger Festspiele zum Unterwirt in Pöckling. Er wollte einen Stau auf der A8 umfahren, hatte aber nicht mit der Widerspenstigkeit seines Navigationsgerätes gerechnet, das ihn immer wieder, partout, zurück auf die Autobahn schicken wollte, bis es ihn schließlich so genervt hat, dass er es ausschaltete und entschied, frei Schnauze nach Hause in die Landeshauptstadt zu fahren. Nur schien dieses Körperteil, welches ihm bei der Verkostung von unzähligen Speisen und Getränken schon so oft zuverlässige Dienste geleistet hatte, in Sachen Orientierung eine absolute Null zu sein, sodass es ihn kreuz und quer durch die Prärie führte, bis Johann Baum schließlich weinend in das Lenkrad biss. Mit letzter Kraft steuerte er seinen Alfa Romeo auf den kleinen Parkplatz vom Unterwirt. Sein Magen, sein Geist – der komplette Mann brauchte dringend etwas zu essen. Er war hungrig. Aus beruflichem Ethos hatte er eine Nahrungsmittelaufnahme an einer dieser unseligen Tankstellen-Frischetheken verweigert. Selbst seine im Auto befindlichen Notvorräte waren aufgebraucht. Das Schild vom Unterwirt muss auf ihn wie das Schimmern einer Oase für einen durstigen Wüstenwanderer gewirkt haben. Erschöpft stieg er aus. Die Rosi, die gerade am Hinterausgang der Küche eine Zigarette rauchte, sah ihn und dachte nur: „Oha, schon wieder ein Großkopferter." Schnell machte sie sich auf den Weg ins Wirtshaus. Zeitgleich mit Johann Baum erreichte sie die Gaststube. Der Feinschmecker blickte sich um. Er war, bis auf das Rentnerehepaar, das sich still am Fenstertisch im Eck ein Schnitzel teilte, alleine, was keine Überraschung war, da die Kirchenuhr gerade erst 12 Uhr Mittag verkündet hatte. Er sah die Rosi und fragte höflich, wo er sich hinsetzen durfte.

Die Rosi dachte nur „Schau an, das ist kein Depp" und sagte: „An den Stammtisch, nette Leute dürfen immer an den Stammtisch."

Der Gast folgte umgehend der Anweisung. Als ihm die Karte gereicht wurde, lehnte er dankend ab und fragte, was ihm die Rosi denn empfehlen könne. Viele Jahre in unterschiedlichsten Restaurants und Gasthäusern hatten ihm ein untrügliches Gefühl dafür gegeben, ob es sich lohnt, einen Blick in die Karte zu werfen, oder ob es besser wäre, die Angestellten des Lokals nach ihren Empfehlungen zu fragen. Die Rosi fühlte sich geschmeichelt. Sie strich sich eine Locke aus dem Gesicht und sagte:

„Also ich würde Ihnen den Schweinsbraten empfehlen, den gibt's mit Knödel und Kraut, der ist in 15 Minuten fertig. Das Schwein ist nicht ganz bio, aber vom Metzger Böhm gegenüber, das ist ihnen letzte Woche ausgekommen und dann hat es der Pfarrer mit seinem Opel überfahren, aber ich verspreche Ihnen, schmecken tut man von dem Opel nichts mehr."
Die Rosi lachte. „Wenn's gleich was wollen, kann ich Ihnen eine Pfannkuchensuppe bringen. Nicht dass Sie uns vom Fleisch fallen."
Der Feinschmecker lächelte, wissend, dass die letzten Jahrzehnte intensiven Restaurantbesuchs nicht spurlos an seinem Hüftumfang vorübergegangen waren.
„Sehr gut, so machen wir das", sagte er. „Und zum Trinken möchte ich …"
Die Rosi fiel ihm ins Wort: „Ein Bier, Sie wollen ein Bier, von der Brauerei Kofler aus dem Nachbarort."
„Aber nur ein kleines, ich muss noch fahren."
„Kleine haben wir nicht. Sie kriegen ein großes und wenn Sie das nicht schaffen, rechnen wir ein kleines ab", die Rosi zwinkerte ihm siegessicher zu.
Johann Baum gab sich geschlagen. „So sei es."
Die folgenden Minuten, beziehungsweise Stunden, seien folgendermaßen beschrieben: Der Robert war sehr erfreut, seinen frischen Schweinsbraten, der wunderbar duftete, endlich anschneiden zu dürfen und gab deshalb eine Extraportion auf den eh schon nicht spärlich bedeckten Teller. Währenddessen war der Feinschmecker drinnen in der Gaststube mit einer herrlich duftenden Suppe versorgt worden, die, und das kennt jeder, der schon mal im ausgedörrten Zustand nach einer Bergtour auf einer Hütte mit einer Suppe bewirtet worden war, wahre Wunderdinge bewirken kann. Das Bier tat sein Übriges: Johann Baum war glücklich. Als dann noch der frische Schweinsbraten schier aus der Küche zu schweben schien und auf den sicheren Händen der Rosi seinen Weg an den Stammtisch fand, waren seinem Wohlbefinden keine

Grenzen gesetzt. Mit Freude nahm er den Kampf mit dem Hauptgericht auf. Als er ein zweites Bier verlangt, erinnerte ihn die Rosi pflichtbewusst, dass er ja noch fahren müsse, was er mit einem, „Schauen wir mal … haben Sie auch Zimmer?“ konterte.

„Aber sicher, Herr Böhm“, man hatte sich in der Zwischenzeit bekannt gemacht. „Die Halbe kommt sofort, oder wollen Sie doch lieber ein kleines?“

„Aber bitte, seien Sie doch nicht kindisch, nur her mit dem Humpen“, war die Antwort.

Aus der Küche sah der Robert, wie der Gast am Stammtisch seinen Schweinsbraten bis auf die letzte Faser vom Teller kratzte. Zufrieden ging er weiter an seine Arbeit, denn langsam füllte sich die Gaststube.

Johann Baum hat dann natürlich noch den Käsekuchen und den Zwetschgenschnaps als Nachtisch geordert. Alles andere wäre schlicht unhöflich gewesen. Mit den Einheimischen hat er sich auch noch ordentlich verratscht, wie es sich für einen gescheiten Wirtshausbesuch gehört, und ist erst um halb sieben in das von ihm angemietete Gastzimmer im ersten Stock hinaufgewankt. Er bedankte sich davor noch herzlich bei der Rosi für die phänomenale Betreuung. Mit dem Fremdwort war sich die Rosi nicht ganz sicher, nahm es aber als Kompliment auf. In die Küche rief der Restaurantkritiker „großartig“, was sich auch beim Trinkgeld niederschlug, und bei dessen Anblick sich die Rosi schließlich sicher war mit dem Kompliment.

Auf dem Zimmer hat er sich nur noch gemütlich die Sportschau angeschaut und ist nicht viel später zufrieden eingeschlafen. Nachdem er am Morgen des nächsten Tages den Unterwirt fröhlich winkend verlassen hatte, gab er dem Navigationsgerät seines Autos noch eine Chance. Das hatte sich anscheinend, genauso wie der Fahrer, ordentlich ausgeruht, denn diesmal fand es einen schnellen Weg aus der Wildnis hinaus bis nach München.

Ein paar Tage später hat Johann Baum auf diversen Internetportalen eine Hymne über den Unterwirt in Pöckling geschrieben, was dort aber wieder keiner recht mitgekriegt hat, da die Internetverbindung ja so schlecht ist. Gewundert haben sich die Rosi und der Robert dann schon, dass es immer mehr Fremde wurden beim Unterwirt, aber geändert haben sie nichts. „Deshalb muss man sich ja nicht zum Affen machen", hat der Robert gemeint, „das legt sich bestimmt auch wieder."

DAS PARADIES IST VOLL

Langsam näherte sich der Himmelsexpress dem riesigen Freigelände vor dem Pier. Die Sonne spendete reichlich Wärme, so viel, dass die Damen, die am Fenster ihres Zubringerzuges saßen, ihre Pullover ausziehen mussten. Sie scherzten darüber, wie warm es erst in der Hölle sein müsste, wenn es hier schon so heiß war. Ursula Poth und Gabi Vollmer hatten sich auf ihrem Himmelstransport angefreundet. Ursula war vor zwei Tagen an einem fiesen Gehirntumor gestorben und Gabi hatte ein Betonmischer samt ihrem Fiat 500 zermalmt.

„Zum Glück schaue ich nicht so aus wie bei meinem Tod", meinte Gabi lächelnd. „Da hätte die beste Maskenbildnerin nichts mehr rausholen können."

„Oh ja, das ist wirklich ein Glück", stimmte ihr Ursula zu. „Ich sah ja auch grauenvoll aus. Da hat man sich ja vor sich selber gefürchtet."

Beide waren begeistert, dass man im Himmel in ein sogenanntes „Unversehrtes Mittelalter" verwandelt wurde. Das heißt, etwaige Schäden am Körper wurden ausgebessert und jeder beziehungsweise jede war hier oben 34 Jahre alt. Menschen, die bei ihrem Tod jünger waren, wurden upgegradet. Bei den Älteren war es umgekehrt.

Die Erstkontrolle vor dem Transport der zwei Frauen verlief problemlos. Am Check-in wurden sie freundlich von Rufus Radenkovic, dem Empfangschef, aufgenommen. Die Formalitäten waren schnell erledigt, sodass sie sich zügig in die Expressbahn Richtung Paradies setzen konnten. Es gab Schnittchen und ein Glas Prosecco. Der Hugo war leider aus. Während der Fahrt überlegten sie, wie es auf dem Schiff wohl aussehen würde.

Die beiden hatten sich das Paradies redlich verdient. Sie hatten ein fast untadeliges Leben geführt. Lediglich einmal hatten sie ihre Ehemänner betrogen. Gabi Vollmer bei einer Bergtour mit einem chilenischen Bergführer, der sich als ziemlich müder Liebhaber entpuppt und ihr somit den Appetit auf außerehelichen Sex ordentlich verdorben hatte. Und Ursula Poth hatte ein paar Experimente mit ihrer Nachbarin unternommen, die sich zwar als reizvoll, aber doch nicht als das Richtige herausstellten. Da war ihr doch ihr Rainer lieber. Beim Check-in waren diese zwei Vergehen von Rufus Radenkovic zwar erwähnt, aber unverzüglich mit einem kleinen „Wir sind alle keine Engel" aus der Datenbank gelöscht worden. Zu gerne hätten die zwei Frauen einmal die Akte ihrer Ehemänner eingesehen, doch der Empfangschef pochte auf seine Verschwiegenheitsklausel. Unabhängig voneinander machten sich die beiden Gedanken darüber, wie das denn jetzt wohl im Himmel mit dem Sex wäre. Denn so einen 34 Jahre alten, unversehrten Körper sollte man doch schließlich nicht ungenützt lassen.
Sie wurden vom Eintreffen des Himmelsexpresses aus ihren Gedanken gerissen. Nach zirka zehnminütiger Zugfahrt kamen sie am Hafen an. Als sie ausstiegen, sahen sie, dass es am Einlass anscheinend eine Schlange gab. Aber da Zeit jetzt eh keine große Rolle mehr spielte, machten sie sich darüber keine Gedanken und stellten sich an. Nach und nach kamen sie ihrem Ziel näher. Doch je weiter sie nach vorne rückten, desto klarer wurde es, dass alle Personen vor ihnen abgewiesen wurden. Keiner kam auf das Schiff. Kopfschüttelnd gingen die Menschen in Richtung der bereitgestellten Shuttle-Busse. Der Mann am Einlass kam ihnen bekannt vor. Als eine fünfköpfige Gruppe vor ihnen ebenfalls abgewiesen wurde, öffnete sich das Sichtfeld und die zwei Damen konnten ein Schild erkennen, welches neben dem Eingang aufgestellt worden war. Sie schauten ungläubig, denn dort stand mit weißer Kreide geschrieben: „Das Paradies ist voll."

Gabi Vollmer war die Erste, die das Wort ergriff: „Das kann sich doch nur um einen Scherz handeln!“
„Nein, das stimmt schon so“, sagte der Mann müde.
„Aber wir haben uns doch nichts zuschulden kommen lassen“, kam Ursula zu Hilfe.
„Das ist richtig, aber voll ist voll. Da kann man nichts machen.“
„So ein Blödsinn, im Himmel muss doch noch Platz sein“, sprach Ursula weiter.
„Ja, ja, da haben Sie vollkommen recht, darum würde ich Sie bitten, in einen der Shuttle-Busse zu steigen. Von dem werden Sie dann umgehend in ein anderes Gebiet des Himmels gebracht.“
„Wir wollen aber nicht woanders hin, wir wollen auf die Aida!“ Gabi stampfte auf den Boden.
Es entspann sich ein Streitgespräch darüber, wie es sein könne, dass man bei der Planung nicht den großen Andrang auf so ein fahrendes Paradies miteinberechnet hatte.
„Vielleicht wollen ein paar Menschen wieder runter“, meinte Ursula.
„Nein, das will keiner!“, entfuhr es dem Herrn am Einlass. Kopfschüttelnd sprach er weiter: „Ich verstehe es auch nicht. Da gibt es nicht einmal mehr Alkohol zu trinken, weil sich vor fünf Wochen ein paar Steuerberater wahnsinnig aufgeführt haben. Man verbringt den ganzen Tag mit denselben Leuten. Auslauf hat man auch keinen. Wer will denn so was. Außerdem sind auf dem Schiff nur Deutsche, Österreicher und Schweizer. Da versteht man doch jeden. Das ist die Hölle!“
In dem Moment kam der Kapitän die Treppe herunter. „Herr Radenkovic, was haben Sie gerade gesagt?“
„Ach, sind Sie mit dem netten Herrn am Check-in verwandt?“, unterbrach Gabi Vollmer.
„Ja, ja, das ist mein Bruder Rufus. Der hat's leicht. Der kann alle hineinlassen.“

Der Kapitän näherte sich. Seine Uniform glänzte absurd in der Sonne. „Herr Radenkovic, ich hatte Sie schon einmal ermahnt, wenn Sie sich nicht zusammenreißen, werden Sie strafversetzt."
„Tut mir leid, Chef."
„Naja, so schlimm war es nun auch nicht, der arme Mann kann ja nichts dafür, Sie sind ja anscheinend der Verantwortliche, nicht wahr?" Ursula schaute den Kapitän streng an.
„Inwiefern?" Der Kapitän blickte unruhig umher, in der Hoffnung, jemand würde nach ihm rufen.
„Sie sind der Chef, also besorgen Sie uns gefälligst eine Kabine im Paradies!"
„Das geht nicht, lesen Sie doch, was auf dem Schild steht."
„Wir wollen aber auf das Schiff!" Beide Damen verschränkten gleichzeitig ihre Arme vor der Brust.
„Da geht leider nichts, ich kann Ihnen aber eine Ausweichmöglichkeit anbieten. Wie wäre es mit der Therme Erding?"
„Pffff, auf gar keinen Fall!"
„Der nächste Bus geht in 5 Minuten."
„Wollen Sie uns verarschen? Im Prospekt steht: Erleben Sie goldene Momente mit dem Aida Clubschiff."
„Tut mir leid, Sie erleben hier nichts!" Jetzt verschränkte auch der Kapitän die Arme.
„Und was ist mit denen?"
Ursula Poth deutete auf das Heck des Schiffes.
Ungläubig sahen die beiden Damen und Herr Radenkovic, wie einige Menschen am anderen Ende des Piers über einen kleinen Seiteneingang auf das Schiff geführt wurden.
„Ach das, das ist wieder was ganz anderes. Die Damen und Herren sind unsere Premium-Goldclub-Mitglieder! Die können natürlich unseren VIP-Eingang benutzen."
„Davon weiß ich ja gar nichts." Herr Radenkovic drehte sich fragend zum Kapitän.
„Das müssen Sie auch nicht, mit solchen Leuten kommen Sie normal nicht in Kontakt. Die durchlaufen ein ganz anderes Prozedere." Der Kapitän war sichtlich genervt.

„Wissen Sie, das sind ganz besondere Menschen, die müssen auch anders behandelt werden."
Wieder schauten alle vier in Richtung VIP-Eingang, vor dem gerade eine weiße Limousine hielt. Boris Becker stieg aus dem Auto und winkte den Damen freundlich zu.
„Ich dachte, der lebt noch?" flüsterte Gabi ihrer Freundin ins Ohr.
„Nein, nein, gestern hat er sich so zugekokst, dass er einen Kopfsprung von der Dachterrasse des Casinos in Bad Kötzting gemacht hat. Seine letzten Worte waren: Ich hasse Michael Stich", mischte sich der Kapitän ein.
Kurze Stille. Herr Radenkovic durchbrach sie als Erster.
„Wissen Sie was? Das ist doch eine Riesenscheiße. Die Damen hier sind viel netter als Boris Becker. Die lassen sich ein Leben lang nichts zu Schulden kommen und dann kommen sie trotzdem nicht hinein. Das ist doch ein absoluter Schwachsinn. Hol mich doch der Teufel, verdammt nochmal."
Wie auf Kommando tauchte aus dem Nichts ein Doppeldeckerbus mit der Aufschrift „Teufel Reisen" auf. Aus seinem Innenraum drang laute Rockmusik. Im oberen Teil waren durch die beschlagenen Fenster ein paar Stripper zu erkennen. Der Bus kam direkt vor der kleinen Gruppe zum Stehen. Die Tür öffnete sich und weiße Rauchschwaden legten sich über die Stufen. Ein Mann im Hawaii-Hemd trat heraus.
„Wer hat uns gerufen?", fragte der Mann.
„Er", Ursula deutete auf Herrn Radenkovic.
„Na, dann immer hereinspaziert!"
Herr Radenkovic überlegte.
Der Mann im Hawaii-Hemd strich sich über seinen mächtigen Schnauzer und sagte:
„Wollen die Damen auch mitkommen? Diesen Monat machen wir eine schottische Kneipentour und nächsten Monat startet unser Karibik-Insel-Hopping!"
Die zwei blickten zum Kapitän der Aida und Gabi Vollmer fragte: „Was ist die Alternative?"

„Therme Erding", war die knappe Antwort.
Sie schauten sich an. Nach kurzer Überlegung nickten sie sich zu. Der Mann im Hawaii-Hemd hielt ihnen freundlich die Hand entgegen.
Ursula drehte sich um.
„Herr Radenkovic, wollen Sie nicht mitkommen?"
„Nein, danke, aber sonst ist mein Bruder ganz allein. Wir haben schon den Rest der Familie an die andere Seite verloren."
Als hätte er auf sein Stichwort gewartet, tauchte Rufus Radenkovic am beschlagenen Fenster des oberen Teils des Busses auf und drückte seinen freien Oberkörper an die Scheibe.
„Komm schon, Bruderherz, Mutter ist auch da!", klang es dumpf. Rufus Radenkovic musste seine ganze Stimmgewalt aufbieten, um sich gegen die Rockmusik durchzusetzen. Wild winkte er. Auf seiner Stirn trug er einen BH. Er deutete darauf: „Keine Angst, der ist nicht von Mutter!" Johlend ließ er sich wieder ins Gedränge saugen.
Sein Bruder stand still da, dann sagte er: „Herr Kapitän, ich kündige."
Der Mann mit dem Hawaii-Hemd reichte auch ihm freundlich die Hand. Der Kapitän stand alleine vor seinem Schild und nickte. Von fern hörte er schon die Stimmen der nächsten Ankömmlinge, die sich aus einem Expresszug näherten.
Herr Radenkovic hatte noch nicht die erste Stufe des Doppeldeckerbusses absolviert, da kam ihm schon Gabi Vollmer entgegen und überreichte ihm feierlich einen Cocktail. „Der geht auf's Haus!" In ihrem Schlepptau tanzte ein 34 Jahre alter Brasilianer, dessen Namen sie nicht verstanden hatte. Als der Bus sich in Bewegung setzte, winkten sie dem Kapitän fröhlich zu. Trotz der Wärme war ihm kalt.

DER SÖDER HAT HAARE

Lass es dir schmecken – sagt der Kellner und verschwindet wieder ums Eck der provisorischen Garderobe, die hier heroben am Nockherberg jedes Jahr in einem Teil des mächtigen Saales aufgebaut wird. Man hört Stimmengewirr und das dumpfe Klirren der aufeinandertreffenden Maßkrüge. Die Aufführung ist seit einigen Minuten vorbei. Ich sitze auf einem erstaunlich bequemen Klappstuhl und schaue auf schwarzen Molton, der vorgibt, Garderobenwand zu sein. Schön ist es hier nicht, hellhörig ist es und das Wort Garderobe hat es ehrlich gesagt nicht verdient, aber es tut seinen Zweck und jetzt ist es ja eh wieder vorbei, für ein Jahr, mit diesem Theater.
Ich nehme also die Maß und trinke einen kräftigen Schluck. Das schmeckt schon gefährlich gut, nach so einem langen Tag mit Aufregung und Warterei. Es sei erwähnt, dass es sich um ein normales Bier handelt und nicht um ein Starkbier. Das hat mir noch nie geschmeckt. Auch sind die Auswirkungen des Starkbieres auf den menschlichen Körper meiner Meinung nach noch zu wenig erforscht. Natürlich hatte es einmal einen Sinn, dieses süße, gehaltvolle Bier zu brauen, aber wenn ich nach zwei Maß Starkbier gestandene Mannsbilder sehe, wie sie den berüchtigten Starkbier-Blick kriegen: eine Mischung aus Beglückung, Kontrollverlust und Dummheit –, macht mir das Angst. Bei meinem Körper kommt noch eine ungeheure Beschleunigung der Darmtätigkeit hinzu, die sogar nach ausgestandenem Kater noch zwei Tage anhält. Trotzdem oder vielleicht gerade deshalb wird hier heroben ordentlich gesoffen. Gut, heute sind das Bier und die Brotzeit umsonst. Die Damen und Herren Politiker sind eingeladen, weil man froh ist, dass sie da sind, weil das Ganze sonst keine Berechtigung

hätte. Doch in den kommenden Wochen, wenn die Maß Bier tatsächlich über 10 Euro kostet, sitzen hier Herrenausflüge aus dem Umland, Busreisen, die aus dem fernen Allgäu herangekarrt wurden, und sogar Reisegruppen aus dem noch ferneren Asien. Sie alle hocken dann auf diesen unbequemen Bierbänken in dieser riesigen Halle oder dem hässlichen Biergarten, und erforschen, was mit ihrem Geist und ihrem Körper passiert, wenn man ihn mit ausreichend Starkbier bearbeitet. Die Auswirkungen gerade auf die Asiaten sind fatal. Einige sollen noch Wochen später in den Isarauen herumgeirrt sein und sich von Baumrinde ernährt haben. 2011, so erzählt es die Legende, hat ein verwirrter Asiat versucht, zu Fuß zurück nach Korea zu kommen. Er wurde glücklicherweise schon nach kurzem Marsch in Trudering beim Überqueren des Mittleren Rings von einem alten Opel Astra angefahren. Bei der Befragung konnte man aus ihm nicht mehr herausbekommen, ob er nach Nord- oder Südkorea gehöre. Jetzt betreibt er einen Stehimbiss in Harlaching und beteuert, auch auf hartnäckiges Nachfragen der Ausländerbehörde, sich an die Vorfälle von 2011 nicht erinnern zu können – also ich glaube ihm.

Ich stelle die Maß wieder ab und bemerke, dass ich alleine bin. Das ist hier nicht selbstverständlich, da es in diesen garderobenähnlichen Abteilen meistens zugeht wie in einem Taubenschlag. Ich schnaufe durch, zupfe ein bissl an dieser Perücke, an die ich mich nie gewöhnen werde, dann drehe ich mich um, schaue in einen der Spiegel und finde wie immer, dass ich dem „Echten" gar nicht ähnlich schaue. Aber mei … das sieht man selber vielleicht am wenigsten.
Das ist gar nicht so schlecht, mit diesem Alleinsein. Wie gesagt, hier ist immer viel los und es sind halt zwangsweise auch viele Schauspieler darunter, mit denen man sich die wenigen Quadratmeter teilen muss – und die können schon nerven. Ja, ich bin selber einer, aber Schauspieler, männlich wie weiblich, sind anstrengend. Das liegt vor allem daran,

dass die fast ausschließlich nur von sich selbst erzählen. Zwar tarnt man die Geschichten mit verschiedensten Anfängen, die sich oft geschickt an der Tagespolitik orientieren, landet dann aber immer wieder bei sich und vor allem beim eigenen Leid. Leiden in jeglicher Form ist das große Thema. Mein absoluter Favorit ist das Spüren einer sich nähernden Krankheit.
Man spürt dann „da was"! Was dieses „da was" genau ist, konnte mir noch niemand erklären, aber aufgrund dieses Spürens wird schnell die nächste Apotheke ausgeräumt und man deckt sich mit diversen Mittelchen ein, die Linderung versprechen.
Was dann gesprüht, geschluckt, geträufelt, geschmiert wird, verträgt keine Kuhhaut beziehungsweise würde eine Kuh sofort tot umfallen lassen. Man könnte mit diesem Arsenal an Arzneien ein Kinderkrankenhaus im Kongo eine Woche am Laufen halten. Ich darf hier lästern, da ich früher ebenfalls ein Hypochonder war und beim Anflug eines Halskratzens im Hinblick auf ein bevorstehendes Konzert in fünf Tagen eine Panikattacke bekommen habe. Doch schicksalhafterweise lief mir eine Medizinstudentin über den Weg, die jetzt meine Frau ist, mit „Dr." halt, und die mich, nicht vollkommen, aber in gesundem Maße, von dieser Eigenheit kuriert hat. Kranksein ist nämlich das absolut Letzte, was eine Medizinerin zu Hause gebrauchen kann. Die Kinder werden natürlich ernstgenommen und fachmännisch betreut, aber der Mann, der hat gefälligst gesund zu sein.
Mir ist klar, dass ein Bandscheibenvorfall eine vollkommen andere Dimension des Krankseins bedeutet, aber der Künstler, der mit Schnupfen auf die Bühne muss, hat doch auch seine Leidensberechtigung!
„Nein", hat sie gesagt.
Anfangs startete ich noch Versuche, diese Leidensberechtigung „einzujammern", doch spätestens als meine Frau eine klaffende Kniewunde, die ich mir bei einem Fahrradsturz in den Isarauen bei Grünwald zugezogen hatte und aus der ich

dann in diversen Theaterkantinen eine heroische Geschichte gesponnen hatte, spätestens da, als meine Frau mein Knie, in Ermangelung von Alternativen, mit Hunde-Jod reinigte (Hunde müssen definitiv ein anderes Schmerzempfinden als Menschen haben), merkte ich, wie die Sache in den nächsten Jahren so laufen würde.
Seitdem war ich nie mehr krank.
Ich erzähle das nur, weil wir heuer hier am Nockherberg ein bissl viel Leiden hatten. Einmal hatte ich kurz überlegt, mir Hunde-Jod zu besorgen und es dem jammernden Kollegen als Gurgellösung zu verkaufen. Ich hab's mich nicht getraut. Vielleicht liegt diese Aufgeregtheit ja an der Live-Sendung. Es ist schon was Besonderes, wenn du nur eine Chance hast, gut zu sein. Aber mei, es gibt halt Leute, die kann man besser aushalten und manche nicht. Erwähnt seien hier noch die Kollegen, die massieren. Diese Eigenart ist mir schon ein paar Mal bei Dreharbeiten mit älteren männlichen Kollegen aufgefallen. In der Not und auf der verzweifelten Suche nach Nähe wollen sie junge Assistentinnen massieren. Oft sind diese Damen nicht mutig genug zur Flucht oder von der anscheinenden Prominenz des Schauspielers schier hypnotisiert und lassen ihn machen. So sitzt die junge Frau dann mit gequältem Lächeln im Stuhl der Berühmtheit, während dahinter der Masseur mit seiner Bescheidenheit und Bodenständigkeit prahlt und erzählt, wie es damals war, am Theater – 1961 … traurig, traurig. Das sind so Sachen, die muss man sich gut anschauen, damit man selber nicht so wird.
Sag ich jetzt – warten wir mal ab …
Zurück zu meinem Bier. Zweiter Schluck.
Mir fällt ein, dass der Mann heuer nicht da war. In den letzten Jahren traf ich immer am Aufführungstag einen älteren Herrn, der sich zuerst kurz nach meinem Befinden erkundigte und mir dann jedes Mal seine Geschichte vom großen Nockherberg-Brand erzählte. Seiner Meinung nach war das alles eine riesengroße Sauerei, die aufgeklärt werden

müsste, und er hätte da Beweise. Auf meine alljährliche Frage, warum er denn nicht zur Polizei gehe, winkte er jedes Mal ab und sagte, die stecken doch alle unter einer Decke. Meistens entstand eine Pause, die der Herr gewöhnlich mit der Frage „… und wird's heuer was?" beendete. Dann erzählte ich ein bissl. Danach nickte er und sagte „Ich drück die Daumen, aber nicht zu fest, sonst tut es weh …", lachte und verschwand wieder hinein nach Obergiesing. Heuer war er nicht aufgetaucht. Sollte ich mir Sorgen machen? Er hatte immer einen sehr seriösen Eindruck gemacht. Er war sauber gekleidet, roch gut und wirkte stocknüchtern. Wie das wohl ist, bei Leuten, die etwas wissen oder glauben zu wissen, das sonst keiner weiß. Wahrscheinlich bleibt einem nur die Einsamkeit. Und dieses Wissen, das man nicht teilen kann, drückt auf die Seele … ich nehme noch einen Schluck – Nummer drei. Wahrscheinlich sitzt der Herr zu Hause und schreibt gerade einen Enthüllungsroman.
Die Presse will auch immer etwas wissen vor dem Derblecken, eine Neuigkeit, ein Kuriosum, etwas Besonderes. Derjenige, der dann als erstes etwas Entscheidendes in die Druckerpresse werfen kann, hat gewonnen.
Wo spielt die Geschichte? Kommt die Merkel vor? Welche Lieder werden gesungen? Spielt der Aiwanger auch eine Rolle? „Das wäre ja noch schöner", war mir im Vorjahr herausgerutscht.
In der Zeitung stand dann groß: „Aiwanger nicht im Singspiel dabei!" … er kam dann doch vor. Heuer hat mich der Journalist nicht mehr angerufen.
Aber irgendwie bekommt die Presse doch immer was heraus. Wir haben also einen Maulwurf oder auf neudeutsch einen Whistleblower in der Truppe. Ich weiß nicht, wer unser Edward Snowden ist. Mir ist das auch wurscht, aber ich überlege mir öfter, wie denn die Gegenleistung für diese Spionagetätigkeit aussieht, ob man eventuell ein Jahr lang die AZ, die TZ oder den Merkur umsonst bekommt, oder

zwei Wiesnhendl-Marken, oder sogar zwei Freikarten für die Allianz-Arena. Das sind die harten Währungen hier in München. Im Knast sind es die Zigaretten – in München Freikarten für den FC Bayern. Gut, man könnte das natürlich mit einem Krippenplatz toppen – das wäre wenigstens sinnvoll.
Ich werde von einem Funkspruch aus meinen Gedanken gerissen. Direkt neben mir sitzen, nur durch einen schwarzen Vorhang von mir getrennt, Unmengen von Bereitschaftspolizisten, die hier Pause machen und etwas zu essen bekommen. Wenn mich mein Gefühl und mein Geruchsinn nicht täuschen, gibt es Schweinsbraten mit Blaukraut und Kartoffelknödel. Die Damen und Herren müssen auch gut gestärkt sein, wenn sie die potentiellen Attentäter abschrecken wollen.
„Wenn du da oben eine Bombe zündest, erwischst du keinen Verkehrten", hat einmal mein Nachbar Gerd zu mir gesagt.
„Aber ich wäre auch dabei", hatte ich darauf geantwortet. Woraufhin er kurz nachdachte und sagte: „Wir würden es dir vorher schon sagen!"
Über diesen Spruch mache ich mir immer noch ab und zu Gedanken. Aber ich bin mir sicher, dass mein Nachbar nicht einer linksradikalen Zelle angehört oder sogar einer rechten, die sind ja in letzter Zeit einsatzfreudiger, sondern nur ein lustiger Zeitgenosse ist – er trinkt nämlich Augustiner, und Attentäter trinken kein Augustiner, sondern Jever, und hören klassische Musik. Der Gerd und ich hatten mal so einen Nachbarn. Der hat zwar nichts in die Luft gejagt, aber den Wagner hat er dermaßen laut aufgedreht, dass ich das Gefühl hatte, der Alberich würde bei mir mitten im Wohnzimmer um die Rheintöchter werben. Und der wirbt laut und lang.

Zum Glück ist der Opernfan vor ein paar Wochen wieder zurück nach Norddeutschland gezogen. Das hat den Gerd und mich ziemlich gefreut. Er hatte nämlich ein Trauma von einem schicksalhaften Wiesn-Besuch. Da hat ihm ein Bauernbub aus dem Oberland eine solche Watschn verpasst, dass es ihm den Kiefer ein bissl aus der Halterung gehoben hat. Das hat er emotional nicht verkraftet. Er hat mir die Geschichte im Treppenhaus einmal unaufgefordert erzählt. Wobei ich sagen muss, dass ich ihn nicht hundertprozentig verstanden habe, weil sein Kiefer zu dem Zeitpunkt unseres Gespräches noch nicht ganz ausgeheilt war. Genuschelt hat er wie die Sau und viel geschnieft – hier die Geschichte:

Also, angeblich saß er mit seiner Freundin, einer Stuttgarter Versicherungskauffrau, die für die „Münchner Rück" arbeitete und die wirklich fesch ausschaut für eine Versicherungskauffrau, in der zweiten Wiesn-Woche in der Ochsenbraterei und trank eine After-Work-Maß. Nach ein paar Minuten verabschiedete sich die Germeringer Großfamilie, die bis zu diesem Zeitpunkt ihre Banknachbarn gewesen waren, da dem jüngsten der drei Söhne schlecht wurde, weil er zu viel Obatzdn in sich hineingestopft hatte. Ihre neuen Sitznachbarn ließen nicht lange auf sich warten und sollten von einem anderen Kaliber sein. Eine Schreinergesellengruppe aus Schongau wuchtete sich an ihren Tisch und schon beim ersten Händedruck schwante meinem Nachbarn nichts Gutes, als die klodeckelgroße Pranke des Schongauer Rädelsführers zur Begrüßung das Programmiererhändchen meines Nachbarn umschlang und seine Mittelhandknochen knackend in eine neue Position brachte. Aber Vorurteile soll man nicht haben, dachte mein Nachbar sich und versuchte zu lächeln. Er zwängte seine Hand aus dem Schraubstock und wandte sich wieder seiner Freundin zu. In den folgenden Stunden verschob sich jedoch das Interesse der Stuttgarter Versicherungsfrau von meinem Nachbarn hin zu einem der Schongauer Schreiner, der der jungen Dame die ein oder andere launige Geschichte aus dem aufregenden Leben eines Schreiners im Oberland erzählte und meinen Nachbarn und seine IT-Anekdoten zusehends in den Hintergrund rücken ließ.

Jetzt muss das bestimmt ein trauriges Bild gewesen sein, wie mein Nachbar immer wieder verzweifelt versuchte, seine Herzensdame in seinen Bann zu ziehen, ohne dabei total hilflos auszusehen. Schließlich probierte er sie sogar körperlich vom Tisch weg hin nach Hause in Sicherheit zu bringen. Aber sie hatte nur noch Augen für die ordentlichen Oberarme des Schreiners und wollte da nicht weg. Vielleicht strahlte der kernige Bursche etwas aus, das ihr gefehlt hatte. Vielleicht lag es aber auch daran, dass sie, auf gutes Zureden der Schreiner hin, vom Alkoholfreien auf eine richtige, scharfe Maß umgestiegen war. Irgendwann ist ihm schließlich der Kragen geplatzt, meinem Nachbarn, und er ist aufgestanden und hat was von „dummer Bauernbub" geschrien. Woraufhin seine Freundin erstaunt und ein bissl bewundernd zu ihm aufgeschaut hat. In diesem Moment lag so etwas wie Interesse, wenn nicht sogar eine gemeinsame Zukunft inklusive Kinder und Reihenhaus in der Nähe von Stuttgart in der Luft, bis ihm dann der dumme Bauernbub eine *Bockfotzen (Erklärung siehe Anhang)* verpasst hat, sodass mein Nachbar kurzzeitig die Bodenhaftung verlor und sie erst beim Einschlag im Nachbartisch wiederfand. Wahrscheinlich wäre alles noch gut ausgegangen, wenn er nicht geweint hätte. Es wird zwar immer davon geredet, dass Männer Emotionen zeigen sollen, aber in diesem Fall wäre ein bissl mehr Testosteron hilfreicher gewesen für die Zukunft im Stuttgarter Umland. Die Freundin ist dann einfach ohne zu zahlen gegangen. Das hat er öfters wiederholt in seiner nuschelnden Erzählung. Sie hätten nämlich getrennte Kassen gehabt.

„Jeder zahlt natürlich für sich, damit man den Überblick nicht verliert. Man konsumiert ja unterschiedlich", hat er gesagt. In dem Moment ist mein kurzzeitig aufflammendes Mitgefühl für meinen Nachbarn, der übrigens Dirk heißt, schlagartig weggewesen. Wie es weiterging im Zelt, hat er mir nicht mehr erzählen können, weil sein Kiefer so wehgetan hat, aber dass seine Freundin weg war und zwar für immer, das hat er noch herausgekriegt. Und traurig geschaut hat

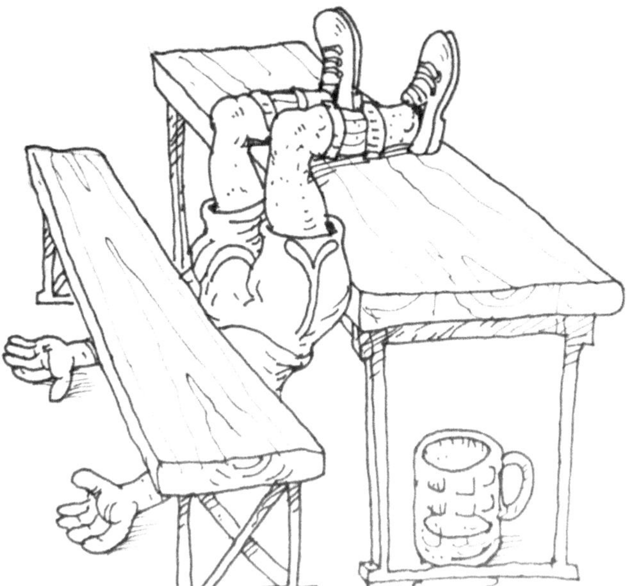

er. Aber das berechtigt ihn nicht dazu, diesen depperten Wagner so laut anzuhören, dass einem fast der Putz von der Decke bröselt.
Egal, jetzt ist er jedenfalls wieder in Flensburg. Es war halt auch schwierig für diesen Schongauer Schreiner, weil er war schon ein einladendes Ziel, der Dirk mit seinen Steckerlhaxen, in dieser schlimmen langen Lederhose vom Discounter, diesem rosakarierten Hemd, dazu seine Bergschuhe, die die fehlenden Trachtenschuhe ersetzten, aber ebenso urig daherkommen sollten, einen Hut hat er auch noch aufgehabt, den man vielleicht noch einem Japaner verziehen hätte. Da kann der Schreiner eigentlich gar nichts dafür. Und fesch war beziehungsweise ist sie immer noch, die Stuttgarterin. Ich habe sie vor Kurzem auf dem Viktualienmarkt getroffen. Nach anfänglicher Verwirrung identifizierte sie mich als Ex-Nachbarn ihres Ex, bei dessen Erwähnung sie nur eine kurze abwertende Geste machte und mir dann erzählte, dass sie jetzt nach Berlin gehe, wegen des Jobs und so.
„Ihr Schwaben übernehmt ja jetzt ganz Berlin!"
Meinen Scherz verstand sie nicht. Wir redeten kurz über unsere Einkäufe, es war gerade Wildsaison. Wenig später verabschiedete sie sich und ging in Richtung Marienplatz. Aus dem Augenwinkel sah ich noch, wie sie einem älteren Herrn im Trachtenjanker, von dem ich inständig hoffe, dass es ihr Vater war, die zwei Einkaufstüten übergab.
Menschen suchen Sicherheit, habe ich mal gelesen.

Das Wort Sicherheit bringt mich wieder in die Gegenwart zurück und ich versuche, einem Gespräch der Polizisten neben mir zu folgen. Einmal hab ich von einem Beamten der Hundestaffel einen Riesenanschiss bekommen, weil ich seinem Bombenhund ein Würschtl geben wollte. Das würde seine Einstellung untergraben beziehungsweise seinen Geruchssinn verwirren oder so … ich weiß es nicht mehr genau. Auf alle Fälle soll man das nicht machen, weil wir sonst in die

Luft fliegen. Dieses Argument habe ich verstanden und mein Würschtl selber gegessen.
Der Hund hieß übrigens Lothar. Was ich einen schwierigen Namen für einen Bombenhund finde.
Die Polizisten neben mir reden über Hautcremes, was mich erstaunt. Dann erzählt ein Beamter mit sehr tiefer Bassstimme, dass er im Biomarkt einen Mann gesehen hat, der direkt von der Joggingstrecke in den Laden gekommen war, um dort einzukaufen. Er muss total verschwitzt gewesen sein. Der Erzählung zufolge stank er auch, trotz ökologisch korrekter Ernährung, ganz bestialisch. Ich denke, spätestens nach fünf Kilometern ist es egal, ob du ein Dinkelbrötchen mit Tomatenaufstrich oder zwei Leberkässemmeln zur Verbrennung im Tank hast. Jedenfalls hat der Polizist beim Rausgehen noch beobachtet, wie der Jogger die Einkäufe in sein Fahrzeug, das direkt vor dem Biomarkt auf einem Behindertenparkplatz abgestellt war, verstaut hat und in ein Trinklokal auf der anderen Straßenseite ging. Biomarkteinkäufer sind also keine besseren Menschen, sondern können auch ziemliche Vollidioten sein. Dann hat der Polizist seine Kollegen angerufen und sie haben das Auto abgeschleppt.
Gute Geschichte – ich muss lachen.
Es sind ja hier heroben nicht nur viele Polizisten, sondern auch diverse Sicherheitsdienste vertreten. Was zu lustigen Situationen führen kann, wenn die Damen und Herren erst einmal abchecken, wer gerade wen bewacht. Das wäre ja auch blöd, wenn man sich in eine Kugel schmeißt, und man wäre gar nicht zuständig gewesen. Die meisten dieser Leute sind wirklich sehr nett. Man darf es sich mit ihnen halt nicht verscherzen, vor allem, wenn man dazu neigt, seinen Ausweis zu vergessen.
Gleich im ersten Jahr ist mir ein böser Fehler unterlaufen. Es war kurz vor der Sendung und der Moment des Auftritts rückte näher. Ich wollte noch einmal aufs Klo, um einen „Angstbiesler“ loszuwerden. In der Aufregung und weil es

langsam pressierte, um in die Maske zu kommen, wo mir mein Haarteil verpasst werden sollte, ließ ich mein Ausweisdokument unglücklicherweise in der Garderobe liegen. Immerhin hatte ich bereits das Kostüm an. Als ich nun von meinem Toilettengang zurückkam, hatte das Sicherheitspersonal gewechselt, weshalb mich der neue Security-Mensch nicht vom wiederholten Ein- und Ausgehen während der Vormittags-Probe kennen konnte.
Der Mann vom Wachdienst verstellte mir den Weg und sagte:
„Ausweis."
Knapp und bestimmt kam das daher.
„Hab ich in der Garderobe vergessen."
„Das kann jeder sagen."
„Aber ich spiel mit!"
„Das kann auch jeder sagen."
„Aber ich bin total wichtig, ich spiele den Söder!", ich kann für diesen Ausbruch von Arroganz nur die Panik, die sich schlagartig in meinem Körper ausbreitete, als Entschuldigung anführen.
Der Sicherheitsmann schaute mich genau an und schüttelte ungläubig seinen kurzrasierten Kopf. Im Nachhinein kann ich es ihm nicht verdenken, denn ich sah für den Außenstehenden keinesfalls so aus, wie man sich einen CSU-Generalsekretär vorstellt. In diesem Jahr spielte die Inszenierung auf einer Insel und die Kostüme waren spärlich – wie sich der Bayerische Rundfunk halt gestrandete Insulaner vorstellt. Ich kann mich noch dunkel an ein Baströckchen erinnern.
Jedenfalls sagte er dann nur knapp:
„Nein, Sie sind nicht der Markus Söder."
„Mensch, natürlich bin ich nicht der Söder, ich spiele den Söder, da auf der Bühne! Warum glauben Sie mir denn nicht?", ich deutete wild am Sicherheitsmann vorbei.
Wieder schüttelte er leicht den Kopf, dann machte er eine Pause und gab mir mit einer Geste zu verstehen, ich solle näherkommen. Er legte die Hand auf meine Schulter und sagte:

„Der Söder hat Haare."
Er war sich sicher.
Ich überlegte gerade, wie hoch meine Chancen im Zweikampf mit dem Herrn wären, als hinter ihm eine Mitarbeiterin von Paulaner vorbeikam, mich sah und hoch aufschrie. Sie deutete wortlos auf die Bühne. Ich deutete auch wortlos auf die Bühne. Der Sicherheitsmann drehte sich um und war verwirrt. Ich deutete auf den Türsteher. Die Frau griff sich an die Stirn.
Der Mann verstand schnell, schüttelte wieder den Kopf und sagte, jetzt aber laut:
„Kruzefix, ihr Künstler, dat's halt eure Ausweise one, wir miaßen doch a bloß unser Arbat macha!" Er rutschte tief ins Bairische.
Ich entschuldigte mich und schlich an ihm vorbei in Richtung Garderobe.
„Spui fei g'scheit, Schauspieler!" rief er mir nach.
„Ich versuch's", antwortete ich, ohne mich umzudrehen.
Meine Erinnerungen an den restlichen Abend sind spärlich. Was aber nicht am Alkohol lag, sondern eher daran, dass ich wirklich sehr aufgeregt war. Und die Aufregung nimmt einem immer die Chance, richtig was mitzukriegen und zu behalten. Das Schönste am „Länger-Dabei-Sein" ist, dass sich eine gewisse Gelassenheit einstellt, die es einem erlaubt, Dinge besser wahrzunehmen. Zum Beispiel, wenn der Einlass beginnt und die ersten Politiker den Saal betreten. Meistens sind das dann die nicht so Wichtigen. Und immer kommt einer ganz früh herein, er ist schon ein bissl älter und von der CSU, den Namen kenne ich nicht. Er geht dann jedes Mal an seinen Tisch und tauscht die Platzkarten aus. Das macht er sehr professionell. Er schaut nach rechts und links, wie im Agentenfilm, und pfeift dann ein bissl zur Ablenkung. Wenn er sich sicher ist, nicht beobachtet zu werden – mich kann er hinter dem Vorhang nicht sehen –, räuspert er sich leise und greift sich sein Platzkärtchen, schlendert zu einem anderen Platz und tauscht es aus. Er setzt sich nicht weiter nach vorne,

er ändert nur geringfügig die Sitzordnung. Ich vermute, er kann den ein oder anderen Parteikollegen nicht riechen und verschafft sich ein wenig Abstand. Und die, die er gar nicht mag, verbannt er zu den Grünen an den Nachbartisch. Soviel Hinterfotzigkeit finde ich schon sehr sympathisch.

Zurück zu meinem ersten Nockherbergauftritt: Eine Sache werde ich nie vergessen. Es war schon ziemlich spät und ich hatte den Saal verlassen, weil ich etwas Frischluft brauchte. Ich stand also da und schaute Menschen beim Rauchen zu, als plötzlich der vorher von mir erwähnte Sicherheitsmann mit einem Herrn unter dem Arm durch die Außentür des Saales polterte. Es handelte sich nicht um einen Störenfried, sondern um Theo Waigel, den ehemaligen Finanzminister, der anscheinend an diesem Abend großen Gefallen am Starkbier gefunden hatte und schön in Fahrt war.
Er wiederholte immer wieder: „Ich sage nur was ich denke, mehr nicht!"
Lustig war, dass seine Beine nicht den Boden berührten, weil der mir bekannte Herr von der Security mit seinen mächtigen Armen den Brustkorb des Ex-Finanzministers umschlungen hatte und ihn so zu seiner Limousine trug. Im Vorbeigehen sagte der Träger zu mir: „Es ist nur zu seiner eigenen Sicherheit!"
Der Waigel wurde behutsam in sein Auto verfrachtet und nach Hause gebracht. Er war nicht angeschnallt.
Vor ein paar Jahren war der Gysi auch voll wie eine Strandhaubitze. Den hat aber keiner weggetragen. Der saß dann noch ziemlich lustig in der Talkrunde. Ich fand ihn sympathisch, wie er da so dahergeredet hat.
Ich trinke wieder einen Schluck Bier. Jetzt wäre was zu essen recht. Ich hab aber keine Lust auf Schweinsbraten, und daher müsste ich auf die andere Seite des Saales wechseln, zu den ganzen Großkopferten, und darauf hab ich erst recht keine Lust. Weil es wird dann immer gleich verglichen und kritisiert:

„Also letztes Jahr …"
„Ich muss schon sagen, dass ich mir manche Sachen …"
„Warum ist denn das und das nicht dabei gewesen …"
Vor allem soll ich immer gleich ein Fazit ziehen. Dabei kann man als Mitwirkender so schnell nach Vorstellungsende noch überhaupt kein abschließendes Urteil fällen – ich zumindest nicht. Das mit der Kritik ist so eine Sache. Am nächsten Tag ist die Presse ja voll davon. Mit Einzelbewertungen, wie man sie früher nur vom Fußball kannte. Es fehlt nur noch, dass die Laufstrecke jedes einzelnen Schauspielers gemessen wird. Die Journalisten überschlagen sich mit der Vergabe von Lob und Tadel. Letztes Jahr gab es tatsächlich eine Sternchenskala von eins bis fünf für die jeweilige Leistung.

Sogar im fernen Norden, in Hamburg und Bremen, nimmt man aufgrund dieses medialen Hypes den Starkbieranstich auf Giesings Höhen mit großem Interesse zur Kenntnis. Für die Brauerei ist das von unschätzbarem Wert, weil das eine oder andere Nordlicht beim nächsten Kneipenbesuch auf sein Astra oder Jever verzichtet und vielleicht mal ein Paulaner probiert. Meistens ist es ihnen dann zu süß – sagen's, die Norddeutschen. Da sollten sie erst einmal das Starkbier probieren – das pappt dir alles zusammen.

Das mit dem Hunger wird gerade schlimmer. Ich hatte heute nur einen Käsekuchen vorne in der Wirtschaft. Sonst finde ich es da ja viel zu teuer. Aber beim Käsekuchen ist mir das wurscht, auf den stehe ich. Meine Mutter musste auch immer einen für die Schule backen.

Das geht heutzutage nicht mehr. Ich habe gelesen, dass es in einigen Bundesländern verboten ist, anlässlich eines Kindergeburtstags in die Schule oder in den Hort einen Kuchen mitzugeben. Wegen der Allergien und weil man da ja nicht wisse, was alles drin ist. Die Eltern sollen doch bitte stattdessen fertig abgepackte Supermarktware mitgeben. Das schmeckt zwar scheiße, doch es steht genau drauf, was drin ist. Wenn ich so was höre, denke ich, das Ende der Welt naht. Mir fällt da immer der Unverträglichkeits-Klausi ein. Das war ein Freund von meinem Sohn. Mit dem sind wir mal zum Zelten an den Chiemsee gefahren. Der Klausi war ein recht anstrengendes Kind. Zum Beispiel hielt er eine Blindschleiche für eine gefährliche Giftschlange und hat sich vor lauter Panik in den Chiemsee geschmissen. Bei der Nachtwanderung haben wir ihn dann auch noch verloren, weil er eine Taschenlampe zum Kurbeln dabei hatte. Er hat aber nicht gekurbelt, darum stand er bald im Dunkeln. Wir haben ihn wiedergefunden, aber wie gesagt, er war ziemlich anstrengend und eben auf sehr viele Sachen allergisch. Und da uns beim Grillen seine Tofuwürstl durch den Rost gerutscht sind, hat er zwangsweise normales Futter bekommen. Das hat er ganz gut vertragen. Ein bissl oft gekratzt hat er sich, aber sonst ging es ihm blendend, und geschmeckt hat es ihm auch.

Ich strecke mich ein bissl auf dem Klappstuhl, um die Müdigkeit aus meinem Körper zu vertreiben. Die Nacht war kurz. Ich arbeite mich aus meiner Sitzgelegenheit und beschließe, heute zu schwänzen. Die Presse und die Kollegen müssen ohne mich auskommen. Ich steige aus meinem Kostüm. Die Geräusche im Saal direkt neben mir sind leiser geworden. Wahrscheinlich sind die Polizisten mit ihrer Pause fertig. Aus dem anderen Teil des Saales, in dem die Vorstellung stattfand, strömt immer noch der Klang klickender Fotoapparate, lautes Lachen, Besteck klappert auf den Tellern und geredet wird, viel geredet. Zeit zu gehen. Ich nehme meine warme Jacke, es ist kalt geworden die letzten Tage, und verlasse die Veranstaltung so heimlich wie möglich. Mein Weg führt mich durch diesen eigenartigen Biergarten, der mich eher an einen Gefängnishof erinnert, vor zur Straße. Durch die großen Fenster der Wirtschaft kann ich bekannte und unbekannte Menschen sehen, die sich mit großen Gesten unterhalten. Den Mienen nach hat es ihnen gefallen. Na, Gott sei Dank.

Über die Treppen beim alten Eiskeller komme ich auf die Ohlmüllerstraße. Ich werde über die Isar zur Fraunhoferstraße gehen und vorn an der Kreuzung Blumenstraße versuchen ein Taxi zu kriegen. Man könnte natürlich mit der U-Bahn fahren, aber heute darf es schon ein bissl luxuriös sein.
Ich mag München, vor allem seinen Rhythmus, genauso wie ich die Isar mag, die ich auf der Reichenbachbrücke überquere … Ich bleibe stehen und schaue auf das Deutsche Museum, diesen schlimmen Bau, der so vollgestopft ist mit Geschichte. Als Kind war es ein absoluter Höhepunkt, wenn man aus Trostberg, meistens von der Schule organisiert, nach München in die Landeshauptstadt fuhr, um sich das Deutsche Museum anzuschauen.
Ich mochte vor allem die Fahrt, weg von zu Hause, quer durch den östlichen Chiemgau, die B 304 entlang, über Wasserburg, Ebersberg, dann bei Forstinning von der Bundesstraße runter auf die Autobahn – gut 90 Minuten hat das gedauert. Und das war ein bissl, als käme man in eine andere Welt. Lauter war es, und viel mehr los als zu Hause im verschlafenen Trostberg. Meinen Klassenkameraden hab ich erzählt, dass ich das total scheiße finde: Das Gedränge, der Lärm, die vielen Autos, diese Leute, ja die „Stadterer", die waren das Hauptziel meines Spotts. Aber eigentlich hat es mich immer hierhergezogen – beziehungsweise weg von zu Hause. Dort war mir alles zu überschaubar. Wenn dich jeder kennt und du immer die gleichen Gesichter siehst … das ist schon schön, aber mei …
Langsam wird mir das Laufen doch zu viel. Zum Glück kommt gerade ein Taxi die Fraunhoferstraße entlang. Ich winke. Beim Einsteigen brummt mir der Fahrer ein „S'Gott" entgegen. Ein alter Bayer, der tatsächlich den Weg kennt. Das freut mich. Wir fahren die Sonnenstraße entlang zum Stachus. Immer wieder blickt er während der Fahrt in den Rückspiegel. Man merkt, dass es in ihm arbeitet. An der Ampel fragt er dann schließlich: „Sind Sie der Söder?"
Ich schüttle den Kopf und sage: „Nein, der Söder hat Haare."

BRAV BLEIBEN

Der junge Mann mit der adretten Lederumhängetasche hatte es eilig. Und ich hatte mir erlaubt, langsam, man könnte sagen gemütlich, auf dem Fahrradweg zu fahren. Bei dem Versuch mich zu überholen hatte sein Vorderrad mein Hinterrad touchiert und der adrette junge Mann wäre fast gestürzt. Ich hatte ihn nicht gesehen – er hatte nicht geläutet – der Fall war klar – ich war der Böse. Der junge Mann fuhr, als es endlich ging, nach drei Sekunden Wartezeit rechts an mir vorbei, nahm seine Ohrstöpsel aus seinen Öhrchen, die sich unter seinem wirklich süßen Mützchen verborgen hatten, und sprach in feinem Ton eine Beschwerde aus:

„Mal rechts, mal links, da komme ich ja überhaupt nicht vorbei! Was soll denn das, ich wäre fast gestürzt." Von mir war keine Rede.

All das äußerte er in einem, ich möchte sagen, Strafverteidiger-Ton: schmissig, nicht zu böse, nicht zu nett, man könnte ihm nichts nachsagen.

Übersetzt heißt das aber trotzdem: „Fahr auf die Seitn, du Arschloch, mir pressierts!" Damit hätte ich umgehen können, aber auf einen so höflichen Angriff war ich nicht vorbereitet.

Es beschäftigt mich eh schon länger, dass die Sprache immer sauberer, politisch korrekter wird, aber die Welt immer wahnsinniger, ichbezogener und dümmer. Die Form, die Ausdrucksweise, muss passen, dann ist es nicht so schlimm, wenn man ein Nazi ist …

Ich will dem jungen, adretten Mann nicht unterstellen, dass er ein Nazi wäre, nein, das würde ihn ja auf seinem beruflichen Werdegang behindern, noch, denn die Zeiten ändern sich ja gerade, aber ein ziemlicher Depp war er auf alle Fälle.

Ich fuhr ihm nach und stellte ihn an der nächsten Ampel. Ob es ihm recht pressiere, fragte ich ihn. Er antwortete: „Ja, natürlich. Es gibt halt Leute, die sind in Eile und können es sich nicht leisten, so zu herumzutrödeln …"
Oha, machte es in meinem Gehirn, jetzt bettelt das Bürscherl aus der höheren Kaste aber um eine Watschn. Mal schauen, ob er sich gut abrollen kann, mit seinen adretten Schühchen.
„Ich werde mich doch wohl beschweren dürfen, wenn ich nicht vorbeikomme, ich wäre fast gestürzt." Es kam in seinem Satz sehr viel „ich" vor.
Ehrlich gesagt fiel mir keine richtige Antwort ein, weil mein Gehirn extrem damit beschäftigt war, das Für und Wider einer körperlichen Attacke abzuwägen.

Vorteile: Kurzfristige Genugtuung
Ein Depp fällt böse vom Rad und jammert
Sich nichts gefallen lassen haben

Nachteile: Verklagt vom Anwalt seines Vaters
Eventuell kostspielige Zahnersatzbehandlung
Vorstrafe, Knast, nackt unter der Männerdusche missbraucht

Nein, das wollte ich nicht.
Wo so einer wie der wohl hin muss? Teetrinken im Stuhlkreis, oder in seinem Edel-Wohnheim einen Tofu-Auflauf warmmachen?
Ja, das klingt beleidigt, ich gebe es zu, aber mir stinkt es halt gewaltig, dass ich ihm keine aufgestrichen habe. Er fuhr auch noch ab mit einem: „Einen schönen Abend wünsche ich Ihnen!"
Das „Ihnen" war echt gemein.
Ich habe dann, zum Ausgleich, eine Taube überfahren.
Lebe geht weider – also für mich.

DER FINNISCHE KUNSTFILM

Die erste Einstellung, die wir zu sehen bekamen, war eine Weide, die sich im Wind wiegte. Ein schönes Bild. Musik war nicht zu hören, nur der Wind, der leise durch die Äste blies. An den Wänden des Kinos wiegte sich noch der schwere Samtvorhang, der erst vor wenigen Sekunden, unter leichtem Stöhnen, den Blick auf die Leinwand freigegeben hatte. Das Licht war gedimmt. Die Vorstellung hatte begonnen. Meine Frau und ich saßen in einem alten Münchner Programmkino. Außer uns waren noch sieben weitere Personen im Raum, alles Allein-Sitzer. Der Abstand zum nächsten Kinobesucher war mit Bedacht gewählt. Wie es schien, schätzte man hier eine gewisse Distanz. Es gab keine Getränkehalter. Anscheinend wurde in dieser Art von Lichtspielhäusern nichts konsumiert. Das erklärte auch den verwunderten Blick der jungen Studentin an der Kasse, als ich vorher, zusätzlich zu den Kinokarten, zwei Bier und eine Tüte Chips verlangt hatte. Sie musste erst in den hinteren Teil des Kassenhäuschens tauchen, um zwei leicht angestaubte Flaschen Augustiner hervorzuzaubern – ich war damit sehr zufrieden.

Aus meinen Gedanken blies mich der Wind zurück in den Kinosaal, wo ich noch nicht viel verpasst hatte. Die Weide wiegte sich immer noch. Vorsichtig schaute ich zur Seite. Die anderen Zuschauer schienen von dem Geschehen äußerst gebannt zu sein. Der Mann seitlich von uns in der Reihe kraulte sich konzentriert den Bart, die Dame links vor uns stupste wissend an ihre Nase, und ein älterer Herr, der ganz vorne in der ersten Reihe saß, nickte beständig vor sich hin. Irgendwas schien ich nicht zu verstehen, bis jetzt konnte mich das Gezeigte in keinster Weise begeistern – eine sich wiegende

Weide halt. Aber manche Filme brauchen halt eine gewisse Zeit, um in Schwung zu kommen.
Vornehmlich galt es jetzt ein Problem zu lösen: die Chips-Tüte. Wie sollte ich sie aufbekommen, ohne die anderen Zuschauer zu stören? Ich war mir sicher, dass lautes Rascheln für Unmut im Raum gesorgt hätte. Ich griff also auf eine List zurück: Während ich eine kurze Hustenattacke vortäuschte, öffnete ich blitzschnell die Tüte. Mein Husten wurde nur mit einem geringschätzigen Kopfschütteln der anderen Besucher, einschließlich meiner Frau, kommentiert – krank durfte man auf keinen Fall in so einen Film gehen. Das sind harte Regeln, aber egal – meine Chips-Tüte war offen. Ich überlegte, wann ich meinen ersten Chip essen konnte. Mir war klar, dass dieser Moment gut gewählt werden musste. Ich ging im Kopf einige Szenarien durch. Meine Überlegungen wurden jäh unterbrochen, als auf der Leinwand rechts hinten ein Pferdekarren ins Bild kam. Ich war erfreut, dass sich endlich was rührte in diesem Film. Sicherlich würde der Pferdekarren an der sich wiegenden Weide vorbeifahren und entweder ein aus dem Dickicht auftauchender Dieb oder eine holde Maid ins Spiel kommen. Der Dieb würde die Herausgabe der Goldschatulle, die sich im hinteren Teil des Karrens verbarg, verlangen, oder die Maid würde versuchen, trampend in die nächste finnische Großstadt zu kommen, aber auf dem Weg dorthin sich schwer in den Kutscher verlieben, der jedoch aufgrund eines alten finnischen Eheversprechens ihre Liebe nicht erwidern konnte – irgend so etwas in der Richtung. Ja, ich gebe zu, ich bin in meiner Jugend von amerikanischen Filmen versaut worden, dennoch lag in einem dieser möglichen Handlungsstränge die Chance, in meinen ersten Chip zu beißen. Leichtsinnigerweise legte ich diesen Chip schon kurz nach Erscheinen des Pferdekarrens in meinen Mund, was sich als Fehler herausstellte, da der Pferdekarren extrem langsam fuhr. Ich habe in meinem Leben noch nie etwas Langsameres gesehen. Selbst alte Damen mit Gehwägelchen sind gegen diese Schnecke von

Pferdekarren Raketen. Möglicherweise hatte der Regisseur die Fahrt tricktechnisch noch extra verlangsamt, um die folgende Action-Szene vor der Weide länger hinauszuzögern, das wäre link und verschlagen, aber zumindest eine Erklärung. Ich wartete also geduldig und konzentrierte mich darauf, nicht an meinem Chip zu ersticken. Meine Frau lächelte mich von der Seite an, was an sich sehr schön ist, mich aber dazu nötigte, den Mund leicht zu öffnen, um zurückzulächeln. Das führte dazu, dass der große, scharfe Kartoffelimitator langsam nach hinten rutschte und ich zu ersticken drohte. In einem Blockbuster wäre mir das nicht passiert. In „Iron Man 6", „Indiana Jones 12" oder „Spiderman reloaded 7" kann man in Ruhe kauen. Wobei ich schon zugeben muss, dass ich mit diesem angesagten 3D-Zeugs oft meine Probleme habe. Inhaltlich wie auch optisch – irgendwie kann ich da nicht richtig scharf stellen, und handlungstechnisch ist es oft ein ziemlicher Blödsinn. Das einzig wirklich Lustige an 3D ist, wenn meine Frau vergisst ihre Kontaktlinsen einzusetzen und dann Brille über Brille tragen muss. So vierglasig stelle ich mir Außerirdische vor, und wenn sie dann noch wegen ihrer wirklich zauberhaften kleinen Nase die übergeordnete 3D-Brille mit ihrer Hand festhalten muss, schaut sie von der Seite genau so aus wie Kinder, die im Kindergarten Elefant spielen – „Töröö"!
Keine Geräusche machen im Programmkino, da war ich mir sicher. Auch verkniff ich es mir, den Pferdekarren anzufeuern, damit er sich schneller in den Vordergrund spielte. Ohne es kontrollieren zu können, schaltete mein Gehirn in den Überlebensmodus, und ich fing an, den Chip zu lutschen. Exakt so muss sich Schmirgelpapier anfühlen. Wahrscheinlich würde ich morgen eine Donauwelle nicht mehr von einer Laugenstange unterscheiden können, da alle meine Geschmacksknospen abgeschliffen waren. Nach endlosen Minuten hatte sich der Gegner schließlich aufgelöst. Endlich konnte ich den verbliebenen Staub mit einem Schluck Bier nach unten spülen.

Ich blickte zu meiner Frau, doch sie hatte von meinen Leiden keine Notiz genommen. Sie schaute weiter konzentriert auf die Leinwand. Und was für eine Überraschung, der Pferdekarren war immer noch da. Tatsächlich hatte er es geschafft, sich in der Zeit, in der ich mit dem Chip kämpfte, so weit nach vorne zu arbeiten, dass man nun den Fahrer erkennen konnte. Schön war er nicht. Er sah ein bisschen wie Franck Ribéry aus. Möglicherweise waren wir in einem französischen Kunstfilm gelandet. Nichtsdesdotrotz schien ich mich langsam einzugrooven und war gespannt, was jetzt passieren würde. Irgendwas müsste ja jetzt geschehen, da in wenigen Sekunden die Weide passiert werden würde – ziemlich viel Konjunktiv. Zäh schob sich der Karren an der Weide vorbei. Ich war mir sicher, jetzt würde der Knaller kommen, echt verschlagene Burschen, diese Finnen, oder Franzosen, oder wer auch immer diesen Film gemacht hatte. Ich rutschte auf dem Kinosessel nervös hin und her, bis mir meine Frau ihre Hand zur Beruhigung auf die Schulter legte. Ich tippte auf den Dieb, der hinter der Weide hervorkommen würde – keine holde Maid. Ich wartete. Meine Muskeln verspannten sich vor Aufregung. Ich wartete lange. Meine Hände waren schweißnass. Ich wartete wirklich verdammt lange – doch es geschah nichts. Der Karren fuhr einfach an der Weide vorbei, die Kamera drehte sich zwar etwas in der Achse und wir sahen ihn samt Fahrer von hinten den Weg weiterfahren, doch sonst geschah nichts. Wer macht denn so was, und warum? Ich war fertig mit den Nerven. Das geht doch nicht. Ich schaute fassungslos zu meiner Frau, die jetzt auch auf einmal nickte. Was hatte ich übersehen, was nicht verstanden, wo war der Fehler in meinem Hirn? Ich schaltete in den Aggro-Modus und langte laut in meine Chipstüte.

„Stephan!", kam von der Seite, gefolgt von Schnaufen und leichtem Hüsteln aus den Reihen vor und hinter uns.

„Ja, ja, schon gut …", ich legte die Tüte wieder auf die Seite. Dann begannen die längsten Stunden, die ich je in meinem

Leben absolvieren musste. Die Handlung war wie folgt: Irgendwann kam der Pferdekarren mit einer Dame auf dem Beifahrersitz wieder zurück, die jedoch wenig Interesse an dem Kutscher zu haben schien, vielmehr blickte sie stumpf in die Ferne. Immerhin winkte sie in den Zuschauerraum. Ich winkte zurück – Fehler! Sie fuhren munter weiter. Ein Geigenspieler kam hinter der Weide hervor und spielte eine nicht hörbare Melodie. Aus der Weide fielen daraufhin Blütenblätter herunter. Eine Weide hat keine Blüten. Dann tanzte der Geigenspieler und verbeugte sich. Ich hoffte inständig, der Pferdekarren würde um die Ecke schießen und ihn zermalmen, doch der kam nicht. Er wäre auch wahrscheinlich viel zu langsam gefahren, um den Geigenspieler in Gefahr zu bringen. Zum Schluss winkte der Geigenspieler in die Kamera. Die holde Maid und der Pferdekarrenfahrer kamen hinter dem Baum hervor und winkten auch – ich winkte nicht. Ende. Aus. Basta. Danke.

O. k., das war hart, aber ich hatte es durchgezogen. Meine Frau war happy. Warum, wusste ich nicht, aber das war mir egal. Ich atmete durch, trank den letzten Schluck von meinem zweiten Bier, griff nach meiner Jacke und wollte aufstehen. Da tauchte plötzlich auf der Leinwand ein Schriftzug auf, dessen Bedeutung ich zuerst nicht fassen konnte:

„PAUSE“ stand da und ging nicht weg.

Mir wurde schwindlig.

TANZEN

Wenn er in dieser Firma etwas zu sagen hätte, würden morgen beziehungsweise gleich nach den Feiertagen neue Kopierer gekauft. Es war geradezu lächerlich, wie fehleranfällig diese alten Schrottdinger waren. Er stand nun schon geschlagene zwei Stunden im Kopierraum und kämpfte um seine Ausdrucke. Immer wieder musste er das Display bedienen, um eine Fehlermeldung wegzudrücken. Diese Aufgabe hätte auch ein Praktikant erledigen können. Immerhin lief jetzt Musik. Sein Handy lag auf dem Regal mit dem Druckerpapier und summte so laut es konnte Michael Jackson. Er hatte die Schuhe ausgezogen. Sanft bewegten sich seine Füße zum Rhythmus der Musik. Sicherheitshalber blockierte ein Putzeimer die Tür, damit die Kollegen ihn nicht ertappten, wie er seine Moves machte. Keiner im Büro wusste, dass Tanzen seine große Leidenschaft war. Aber dieses Büro war eh ein großer, unbekannter Kosmos, mit vielen einzelnen Planeten, die auf ihren Umlaufbahnen stetig die Sonne umkreisten. Sie kamen sich nur näher, wenn sie etwas voneinander wollten oder wenn es angeordnet wurde. Meist wählten sie eine weiter entfernte Umlaufbahn, um sich zu drücken oder schlecht daherzureden. Die Sonne saß in ihrem schicken Eckbüro mit der Espressomaschine und kontrollierte durch die großen Fenster ihre Milchstraße. Die Sonne war sehr hübsch, doch so ein kleiner Außenplanet brauchte sich keine Hoffnung auf Erleuchtung zu machen.

Er hatte schon immer ein Händchen dafür gehabt, sich in unerreichbare Himmelskörper zu verlieben. Außerdem hatte sie ihm noch kurz vor Feierabend diesen Druckauftrag erteilt. Endlich spuckte der Kopierer die letzten 20 Stück aus dem

Auswurfloch – insgesamt 500 Kopien. Jetzt musste er nur noch Päckchen à 50 Stück machen und sie auf die Schreibtische im Büro verteilen, dann hatte er seine ehrenvolle Aufgabe vollbracht und konnte nach Hause zu seinem kleinen Christbaum. Er zog seine Schuhe wieder an. Das Handy wanderte zurück in die Hosentasche.

Als er aus dem Kopierraum kam, war das Büro leer, nur im Eckbüro brannte noch Licht. Anscheinend hatte der Weihnachtsurlaub für die anderen Kollegen schon vor seinem begonnen. Er blickte auf die Uhr: 16.45 Uhr am 23. Dezember, das bedeutete sicher Ruhm und Ehre für ihn, aber auch einen leeren Kühlschrank.

An seinem Arbeitsplatz angekommen, wuchtete er die Kiste mit den Kopien auf den kleinen Tisch, der im Mittelgang stand. Das Scheppern durchdrang den ganzen Raum. Gut, dass keiner mehr da war, ja, bis auf das Eckbüro, doch die Scheiben waren sicher schallisoliert. Als er sich zu seinem Schreibtisch umdrehte, entdeckte er auf seinem Bildschirm einen gelben Zettel. Er sah sofort, dass jemand an seinem Schreibtisch gewesen war. Man konnte viel über ihn sagen, aber sein Arbeitsplatz brillierte durch ein perfekt geordnetes System, und dieses System hatte jemand durcheinandergebracht. Es handelte sich nur um Kleinigkeiten, doch für ihn waren sie sofort sichtbar. Der Post-it-Pack war um einige Zentimeter nach links verschoben worden und die Stifte in der Aufbewahrungsbox entsprachen nicht mehr ihrer Grundordnung. Außerdem drehten ihm die Zebras auf der Box den Hintern zu, eigentlich sollten sie wild auf ihn zugaloppieren. Er hatte das Zebra-Puzzle von seiner Nichte geschenkt bekommen und es nur im Schweiße seines Angesichts zu einem Stifte-Becher zusammenbauen können, da alle Zebras gleich aussahen, aber Augen oder Hintern, das machte schon einen Unterschied. Die einzige Erklärung für diese Unordnung war, dass die Vandalen einen Stift aus der Box genommen, sie dabei verschoben, einen Post-it beschrieben und ihn dann an den Computer geklebt hatten. Vielleicht seine Kündigung? Welch Ironie, gekündigt auf einem kleinen gelben Zettel. Er kam näher. Nein, es stand etwas ganz anderes darauf: „Frohe Weihnachten“

Das konnte nur ein schlechter Witz sein. Bestimmt hatte Baumann, dieser Affe, diesen Einfall gehabt. Ständig versuchte er ihn zu provozieren. Dieser aufgeblasene Idiot, der nicht mal eine Abrechnung fehlerfrei zustandebrachte. Schon seit dem ersten Tag konnte er diesen Nicki-Pulli-Träger nicht ausstehen. Egal ob auf dem Klo oder bei der Weihnachtsfeier, immer kam ein dummer Spruch von ihm. Er brauchte nicht lange zu überlegen, die Sache war klar. Sein Blick wanderte einmal 360 Grad durch das Büro. Niemand in Sicht – auch von der Sonne im Eckbüro war nichts zu sehen. Langsam ließ er sich auf den Boden hinunter. Dann robbte er wie ein Elite-Soldat auf dem grauen, rauen, hässlichen Standard-Bürofußboden drei Schreibtische weiter. Am Arbeitsplatz von Baumann angekommen, nahm er die Fanta-Flasche aus seiner Hosentasche, die ihm beim Robben ziemliche Schmerzen zugefügt hatte. Dann kippte er die Hälfte des Inhalts in das Gehäuse des Computers, der sich unter dem Schreibtisch befand. Man konnte förmlich spüren, wie sich der süße Saft in jede Ritze, auf jede Platine, in jede noch so kleine Ecke des Computers verteilte – ein vernichtender Gegenschlag.

Plötzlich hörte er ein Geräusch aus dem Eckbüro. Schnell kämpfte er sich zurück an seinen Arbeitsplatz. Die Ellbogen schmerzten. Auch seine Knie waren anscheinend nicht für den Kampfeinsatz ausgelegt. Vorsichtig erhob er sich – nichts zu sehen. Die Abteilungsleiterin hatte ihr Büro nicht verlassen. Natürlich wäre das jetzt der perfekte Moment, um sie um ein Date zu bitten. Doch die Schmach einer Absage wollte er sich ersparen. Nein, für so einen Niemand würde sie sich bestimmt nicht interessieren.

Vor zwei Wochen waren sie einmal im Gang des Stockwerks über ihnen zufällig zusammengestoßen. Er kam gerade von einer langweiligen Sitzung über Marktveränderungen in China, als ihm die Sonne in die Arme lief. Für einen kurzen Moment glaubte er, so etwas wie Sympathie in ihren Augen gesehen zu haben. Sie hatte wunderschöne blaue Augen, die trotz ihres meist strengen Blicks ihre Freundlichkeit, ihre gute Seele nicht verbergen konnten. Gern hätte er länger in diese Unendlichkeit geschaut. Wieder war es Baumann, der dazwischenkam. „Oha, Frontalzusammenstoß", hatte er quer über den Gang gebrüllt. Den Aktenordner, den die Abteilungsleiterin bei ihrem Crash auf den Boden fallen gelassen hatte, nahm Baumann schnell auf und übergab ihn ihr mit einem Augenzwinkern. Arschloch, das wäre seine Aufgabe gewesen. Vielleicht hätte es bei der Übergabe eine flüchtige Berührung geben, aber Baumann hatte ihm die Chance genommen. Er hätte ihm die ganze Flasche Fanta in seinen dummen Computer schütten sollen. Aber auch so würde beim nächsten Einschalten eine lieblich nach verschmorten Kabeln duftende Rauchwolke unter seinem Schreibtisch hervorquellen.

Es wäre wahrscheinlich am besten, wenn er kündigen würde. Er wollte nie in so ein Büro. Doch dann hatte er aus unerfindlichen Gründen dieses Studium angefangen. Seine Eltern waren glücklich, sogar Tante Heidi war glücklich, ja, alle waren glücklich, außer ihm.

Nur wenn er tanzte, kam Leichtigkeit in sein Leben. Die Musik half ihm in eine andere Welt. Die Bewegungen flossen nur so dahin. Es fiel ihm leicht, sich Schrittkombinationen zu merken. Das machte viel mehr Sinn als das hier.

Die Uhr schlug fünfmal. Raus, nichts wie raus. Er nahm seine Jacke von der Stuhllehne. Schnellen Schrittes durchmaß er den Hauptgang. Durch die große Flügeltür trat er in die Freiheit. Den flüchtigen Gedanken, doch noch einmal zurückzugehen und die Sonne zu fragen, ob sie heute schon was vorhatte, wischte er resigniert beiseite – nach den Feiertagen würde er kündigen. Eilig ging er nach Hause.

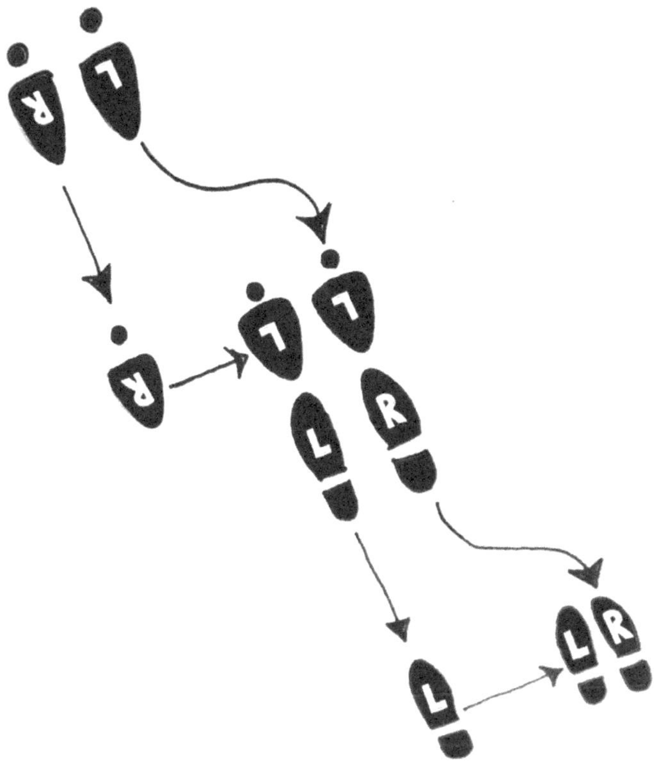

Nur ein paar Meter entfernt stand die Sonne barfuß am Fenster ihres Eckbüros und sah gerade nach draußen, als der Außenplanet ganz nah an ihr vorbeiging. Kurz überlegte sie, ob sie gegen die Scheibe klopfen sollte, um auf sich aufmerksam zu machen. Aber das wäre ihr peinlich gewesen. Sie hatte ihm doch ein eindeutiges Zeichen gegeben. Sie war sich sicher, dass er zu ihr kommen würde, um auch ihr „Frohe Weihnachten" zu wünschen, oder zumindest, um zu fragen, ob der Zettel von ihr war. Er kannte doch ihre Schrift, hatte sie gedacht. Auch der verspätete Kopierauftrag war doch ein ganz klares Zeichen gewesen. Sie stemmte die Hände in die Hüften. Ihr war es noch nie leichtgefallen, den ersten Schritt zu machen. Und dennoch hatte sie es schon die Wochen vorher probiert. Einmal hatte sie ihn fast umgerannt. Es war nicht ganz so heftig geplant, trotzdem war es schön gewesen, in seiner Nähe zu sein. Und für einen Moment hatte sie gedacht, dass da etwas schimmerte in seinen Augen. Doch dann kam dieser Hornochse Baumann dazwischen. Gestern hatte sie ihm seine Kündigung geschrieben.

Traurig ging sie zu ihrem Schreibtisch und startete den CD-Spieler. Es dauerte ein paar Sekunden, bis die Musik ihre Wirkung tat, dann bewegten sich ihre Füße langsam über den grauen Standard-Fußboden.

„Tanzen hilft", dachte sie.

YOU KILLED MY CAR

Es war halt so, dass es mir beim Einparken ein bissl pressiert hat, und da habe ich dann unglücklicherweise das Fahrzeug vor mir leicht, ich will sagen zart, berührt.

Wobei man erwähnen muss, dass ich zu diesem Zeitpunkt einen alten Volvo 940 fuhr. Das ist schon eher ein Panzer. Und bei einem Panzer haben auch zärtliche Berührungen eine gewisse Wucht, was zur Folge hatte, dass mein Volvo von dem Kontakt nicht mal eine Schramme davontrug, aber der Gegner, den man wohl eher als Opfer bezeichnen muss, schwer verletzt wurde. Es handelte sich um einen alten Bulli-VW-Bus, der eigentlich nur noch vom Rost zusammengehalten wurde, in Reggae-Farben, mit diversen Peace-Zeichen und einem Bob-Marley-Bild auf der Seite. Und diesem Veteranen ist dann halt bei der zarten Berührung vor Schreck die Stoßstange heruntergefallen beziehungsweise beide, die vordere und die hintere.

Ich dachte mir noch „Oha, blöd", da eilte aus dem gegenüberliegenden Haus schon ein Mann. Es war ein schwarzer Afrikaner – das sagt man nicht, das weiß ich –, aber so war es halt. Der Mann rief aufgeregt: „You killed my car!", „You killed my car!"

Er hatte eine sehr hohe Stimme und schrie fast.

Ich versuchte ein bissl Dampf rauszunehmen.

„Moment mal, also killed ist definitiv übertrieben und wenn, war es höchstens eine Notschlachtung, ich meine, der Gnadenschuss sozusagen."

Das hat er nicht verstanden.

„You killed my car. Give me money, or I call the police."

Er stand nun ganz dicht vor mir.

„Aha, verstehe, so läuft der Hase“, dachte ich und setzte ruhig an: „Jetzt pass mal auf, mein Freund und Kupferstecher, ich würde den Ball lieber flach halten.“
Das hat er auch nicht verstanden, aber irgendwas schwante ihm, denn nach kurzem Zögern hat er ein Handzeichen in Richtung des gegenüberliegenden Hauses gemacht. Wie auf Knopfdruck kamen noch sechs weitere Schwarze heraus. Witzigerweise hatten die Männer Trommeln dabei. Das wirkte schon ein wenig grotesk und ich musste mir das Lachen verkneifen. Vielleicht waren es Musiker, vielleicht aber auch nur so Nervensägen, die im Englischen Garten am Monopteros stundenlang den einen, und nur den einen Rhythmus trommeln, und übergewichtige 50-jährige Frauen aus Gilching tanzen dazu.
Die Herren sind also aus dem Haus gesprungen und haben auf mich eingeredet:
„You killed his car!“
„Blödsinn“, antwortete ich, „the car war already dead, bei the next Vollbremsung hätte sich das Top-Teil from the Bottom-Teil verabschiedet, Kollegen.“
Ich glaube, wir klangen alle sehr lustig.
Naja, bis der Kleinste der Truppe auf einmal ganz nah an mich herankam und von unten nach oben zu mir sagte:
„You are a Nazi.“
„Was? Jetzt pass mal auf, mein Trommelfreund aus dem Kongo.“
„I'm from Zaire“, hat er dann gemeint.
„Und wenn du aus Bad Tölz bist, ist mir das wurscht, I'm not a Nazi und an deiner Stelle würde ich das Maul nicht so aufreißen, weil du ja auch eine Glatze hast. Bei dir sieht man es halt nur nicht so. Ich sage nur: Schwarzer Adler auf schwarzem Grund.“
„That's a tradition from my tribe.“
„Ja und, auch ich folge der Tradition des Zinner-Stammes. Darum bin ich auch kein Resthaarträger und kämme mir so

einen Beamtenscheitel called ‚Letzte Hoffnung‘ mit meinen verbliebenen drei Resthaaren quer über den Kopf!“ Ich wurde lauter.

Als es gerade in Richtung Handgreiflichkeiten ging, kam, wie es der Teufel will, eine Polizeistreife in die Schellingstraße eingebogen.

Da wurden die Herren schon ein bisschen blass um die Nase … oh, wieder eine schwierige Formulierung … egal, Sie wissen, was ich meine.

Schawupps, waren gleich mal die Hälfte meiner Black-Power-Freunde verschwunden. Der Rest der Gang versuchte sich hinter mir zu verstecken.

„I give you money“, flüsterte der Wunderstumpen von der Seite.

„Was?“

„I give you money“, wiederholte er.

Ich musste lachen.

Die Polizei fuhr neben uns und der Fahrer ließ die Scheibe herunter.

„Ah, schau an, der Herr Zinner, hallo, gibt's Probleme mit den Herren?“

Jetzt mischte sich einiges in meinem Kopf, denn so ein „Wieder-erkannt-werden“ ist schon was Nettes, aber auch irgendwie was eigenartig Unangenehmes … in diesem Fall verschaffte es mir zwar die Sicherheit, nicht von den anderen vermöbelt zu werden, doch der Polizist ließ durch seine Frage schon klar erkennen, wen er für gut und wen er für böse hielt …

Ich überlegte kurz und sagte dann: „Danke der Nachfrage, aber hier ist alles in Ordnung. Wir besprechen gerade unsere nächste Bandprobe.“

„Ach so, sind das Musiker?“, fragte der Polizist.

„Ja, eine international bekannte Trommlergruppe aus Zaire. Wir proben gerade ein paar Songs für das Sommer-Tollwood.“

„Ah genau, die vom Tollwood machen immer viel mit Trommeln, ja, ja …“, lachte der Polizist und winkte. Er ließ die Scheibe wieder nach oben und der Wagen fuhr langsam hinunter Richtung Ludwigstraße.
Ich wurde in die Seite gestupst.
„Wir sind keine Musikgruppe“, sagte der kleine Schwarze in beeindruckendem Hochdeutsch.
„Warum habt ihr dann Trommeln dabei?“, fragte ich zurück.
„Aus Gewohnheit“, antwortete er.
Ich war mir nicht sicher, ob er es ironisch gemeint hatte, bis der Rest der Gang schallend loslachte.
„Und warum wolltest du mir Geld geben?“, fragte ich nach.
„Wie wäre das Ganze wohl ausgegangen, wenn sie ausgestiegen wären, was meinst du?“, er neigte leicht den Kopf.
„Verstehe, aber das mit dem Nazi war nicht nett.“
„Nazis sind auch nicht nett“, sagte er trocken.
Wo er recht hat, hat er recht.
„Servus!“
„Servus!“
Während ich in mein Auto stieg, befestigten die Herren die vordere und die hintere Stoßstange wieder sporadisch mit Gafferband an ihrem VW-Bus.
Sehr sporadisch …

ISARKIESEL

Ob Weihnachtsmärkte bei 20 Grad im Schatten Sinn machen, sei dahingestellt. Aber Kinder brauchen halt ein bissl Weihnachts-Feeling, und so bleibt den Eltern nichts anderes übrig, als sich mit der Sippe ins Getümmel der Bratwurst- und Glühweinstanderl zu stürzen. Und eine schöne Bosna, mit Kraut und scharfem Senf, da muss man ehrlich sein, kann auch den Vater schwach werden lassen. Wobei sich in den letzten Jahren auch im Weihnachtsmarkt-Business immer mehr der vegane Wahnsinn ausgebreitet hat, sodass es gar nicht so einfach ist, einen schnöden Würstl-Klassiker zu bekommen. Vielmehr geht der Trend hin zu immer neuen Nahrungsmittelkombinationen, die mit immer noch gesünderen und noch loweren Varianten für sich werben, wie dem „Frau Holle Winter Burger" mit Petersilien-Orangen-Pesto, Salat, winterlich gewürztem Patty aus Kartoffelkloß-Teig, Apfelkompott, Rotkohl, geraspelten Karotten und Zwiebeln – ja, da jauchzt das Allergiker-Herz. Aber bestimmt leben die Fans dieses Sammelsuriums um einiges länger als ich und werden bei meiner durch einen simplen Herzinfarkt bedingten Beerdigung nur milde lächeln. Deshalb frage ich meine Kinder pflichtbewusst, ob sie so eine Spezialität probieren möchten, was unweigerlich zu der Gegenfrage führt: „Haben die denn hier keine Würstl?" Es sind halt Old-School-Kinder.

An einer der verwegen geschmückten Buden besorge ich also ein Bio-Würstl aus der Region, dazu einen Fair-Trade-Kinderpunsch, und verteile alles an die Belegschaft. Meiner Frau ist nicht nach Kulinarischem, sie will shoppen. Die verzweifelt auf rustikal getrimmten Stände beinhalten ja durchaus Kaufbares. Wir schlendern also in Richtung Kommerz, beziehungsweise wir versuchen es, denn der deutsche Bürger kann auch auf dem Weihnachtsmarkt nicht aus seiner Haut. Viele Menschen glauben, in der Vorweihnachtszeit kommt das Gute im Menschen wie Nächstenliebe, Höflichkeit, Herzensgüte oder Vernunft zum Vorschein. Das ist falsch, sogar brutal falsch, ganz im Gegenteil. Der Weihnachtsmarkt ist eine Nahkampfzone. Um überhaupt eine Chance zu haben, ein paar Meter gut zu machen, greift die Familie auf eine alte Zinner-Technik zurück: Die Kinder mit ihrem Würstl, das mit extra viel Ketchup präpariert wurde, bilden die Sperrspitze und treiben einen Keil in die Menge. Danach komme ich und gebe den leicht angetrunkenen Glühweintrinker, der seinen vollen Becher in Kopfhöhe unruhig hin und her schwenkt, dahinter mein kopfschüttelndes, aber lachendes Weib, die versucht dem Stoßtrupp zu folgen. Endlich bei den Verkaufsständen angekommen, wird die Formation aufgelöst. Wie es sich in den letzten Jahren bewährt hat, werden Einkaufsgruppen gebildet. Ich bekomme Nummer 3.

Geduldig – die Bundesliga-Samstags-Partien beginnen erst in zwei Stunden – schreite ich mit meiner kleinen Tochter die unterschiedlichsten Waren ab. Nach nur wenigen Metern werden wir von ein paar Damen mit Einkaufstüten an einen Stand geschoben, der chilenische Weihnachtsdekorationen anbietet. Im Hintergrund quirlt der Ghetto-Blaster südamerikanische Volksmusik und die fesche Frau in Tracht der Mapuche-Ureinwohner versucht den Verkauf anzukurbeln, indem sie fröhlich mit südamerikanisch-englischem Akzent flötet: „Yes, sure, that's all original handmade!" Ich überlege, woher ich die junge Dame kenne, und glaube mich daran zu erinnern, dass ich sie vor ein paar Wochen in einem Trinklokal in Giesing als Kellnerin gesehen habe. Da hatte sie noch astreines Bairisch gesprochen – Sachen gibt's.

Meine Tochter interessiert sich mehr für den Stand daneben, an dem Tiere, die aus kleinen Steinen zusammengeklebt wurden, zum Verkauf angeboten werden. Um die Kinderzimmertauglichkeit zu testen, entfernt sie einem Hund den Kopf. Ich versuche ihr zu erklären, dass man den nicht so einfach wieder draufsetzen kann wie bei einem Legomännchen, was zu völligem Unverständnis und Kopfschütteln führt. Vorsichtig platziere ich den Dackel so, dass man den abgetrennten Kopf an der Bande anlehnen kann. Schnell gehen wir weiter.

Die nächste Bude beinhaltet Erstaunliches. Hier kann der durch Glühwein gefügig gemachte Käufer für schlappe 6 Euro bemalte Isarkiesel kaufen. Ich überlege kurz, ob es sich hierbei um einen Scherzladen handelt, doch wie ich schon befürchtete, meinen es die Damen im Batik-Terror-Outfit ernst. Ich frage, was denn die Steine können, für 6 Euro? Nichts, ist die knappe Antwort. Meine Tochter meint, solche Steine habe sie auch, und ob die Oma denn mit ihr tauschen möchte. Das Wort Oma löst bei der durch vegane Ernährung und Alkoholverzicht vorschnell gealterten Mittvierzigerin fast einen Weinkrampf aus. Tapfer versucht sie meiner Tochter zu erklären, wie viel Arbeit hinter einem blau angemalten Isarkiesel steckt, doch meine Kleine lässt sich nicht so leicht ins Bockshorn jagen. Stolz höre ich, wie sie der langsam ungeduldig werdenden Verkäuferin erklärt, dass sie das ja auch macht: an die Isar gehen, Steine mit nach Hause nehmen, anmalen etc., außerdem habe sie viel schönere und buntere. Das versteinerte Gesicht der Batik-Lady schaut mich fordernd an. Offensichtlich verlangt sie von mir Unterstützung im Kampf um die Berechtigung ihres Verkaufspreises. Ich tue ihr den Gefallen und sage zu meinem Kind: „Weißt du, Schatz, die Dame nimmt ja nicht irgendwelche Kiesel, so ein Kiesel will gut gewählt sein. Wir Laien nehmen halt jeden x-beliebigen Stein mit nach Hause, ein Profi macht das natürlich nicht. Und wir Laien malen dann halt nur Kreise oder Muster drauf, aber diese Isarkiesel-Experten …“ Jetzt fängt die Dame zu hüsteln an, weil, wie ich erst auf den zweiten Blick sehe, ihr umfangreiches Sortiment nur aus Kreis- und Mustersteinen besteht. Meine Tochter denkt nach und meint dann: „Können wir nächstes Jahr auch so einen Stand aufmachen, dann verdienen wir viel Geld, oder?“ Strahlend schaut sie die extrem bepisste Verkäuferin an. „Ach, mach doch was du willst, Kind“, sagt diese und wendet sich ab.

In dem Moment kommt meine Frau von einem anderen Verkaufsstand herüber. Sie zeigt uns stolz einen Weihnachtsstern aus Stroh. Er stammt aus Nigeria. Als ich nach dem Preis frage, winkt meine Frau ab, was heißt, dass er sauteuer war. Aber der Stern muss natürlich auch erstmal den Weg von Afrika nach Deutschland finden. Wer denkt, dass er vielleicht eher in einem Hinterzimmer in Untersendling zusammengebaut wurde und sich jetzt nur mit fremden Federn schmückt, ist ein schlechter Mensch und sollte in der „staaden Zeit“ überhaupt gar nicht auf einen Christkindlmarkt gehen. Frohe Weihnachten!

DIE ABENTEUER DES VICTOR PAUL
(Hörspiel)

Zeit: Zukunft
Sound: Trautonium

Kapitel 1: Alte Bekannte

Erzähler:
Als er in der Villengegend eintrifft, geht die Sonne gerade unter. Viel sieht man nicht davon, aber er weiß, dass sie da ist – irgendwo da draußen – weit draußen im Weltall. Der Staub hat seinen Mund ausgetrocknet. Sein Gesicht schmerzt. Die letzten Meter hat er geschoben. Der Staub macht sogar aus einer kurzen Strecke eine Anstrengung. Er hebt den Kopf und blickt in den Himmel.

Victor Paul:
Dieser verdammte Sand verschluckt die Tage …

Erzähler :
Langsam nähert er sich dem Anwesen. Er schaut sich um. Dann lehnt er sein Fahrrad an die Mauer, die das Grundstück umgibt. Er überprüft noch einmal seine Ware.

Victor Paul:
Ja, ja, ja.

Erzähler:
Der kleine Lederbeutel liegt immer noch sicher in der extra dafür angefertigten Umhängetasche. Vorsichtig öffnet er den Beutel und atmet den Duft tief ein.

Victor Paul:
Gut, gut, gut.

Erzähler:

Er mag seinen Beruf – wirklich. Natürlich ist es nicht legal, aber was ist schon legal in diesen Zeiten. Die Grenzen sind in den letzten Jahren nach dem „Langen Tag" verschwommen.

Victor Paul:

Heute keine Politik – nein, nein, nein …

Erzähler:

Richtig, er ist zum Arbeiten hier. Er stellt sich vor den kleinen Bildschirm, der rechts vom Eingangstor angebracht ist. Als sich der Monitor, der nicht größer als ein DIN-A5-Blatt ist, erhellt, setzt er ein geschäftsmäßiges Lächeln auf.

Victor Paul:

Immer lächeln.

Erzähler:

Ja, die Show gehört mit dazu.

Sein Name ist Victor Paul und er ist Tabakhändler.

Victor Paul:

Victor Paul, Tabakhändler.

Erzähler:

Eine zugegebenermaßen ungewöhnliche Art, sein Geld zu verdienen im Jahre 2074. Doch es läuft gut, er hat sich mit der oberen Schicht angefreundet. In diesen Kreisen erfreut sich der alte Brauch des Rauchens wieder großer Beliebtheit. Zudem ist Victor Paul einer der wenigen Menschen im Roten Bezirk, die Alkohol besorgen können – eine zusätzliche, gute Einnahmequelle. Er ist kein Dealer, nein, diesen Ausdruck mag er nicht.

Victor Paul:

Mag ich wirklich nicht.

Erzähler:

Er kann einfach gut Dinge besorgen, die benötigt werden, um das Spiel am Laufen zu halten, auch wenn das die „Instanz" sicher anders sieht.

Auf dem Bildschirm taucht ein computergeneriertes Gesicht auf, dessen weibliche Züge mit Bedacht gewählt wurden.

Weibliches Gesicht:

Wer ist eingetroffen?

Victor Paul:

Victor Paul – ich werde erwartet.

Weibliches Gesicht:

Richtig. Einen Moment, ich überprüfe Ihre Daten.

Erzähler:

Natürlich ist es unmöglich, aber er hat das Gefühl, zu spüren, dass sein Gesicht abgetastet wird. Man wird im Archiv nichts finden, da ist er sich sicher. Er hat viel Geld dafür bezahlt. Immer noch lächelt er. Während des Scans nimmt das weibliche Gesicht nicht eine Sekunde seine Augen von ihm.

Victor Paul:

Hübsch, wirklich hübsch …

Erzähler:

… aber er bevorzugt die reale Variante. Er hat einmal mit einem Computer Sex gehabt. Natürlich ist es perfekt gewesen, aber Victor Paul hasst perfekte Dinge.

Victor Paul:

Wie heißt du?

Weibliches Gesicht:

Das ist keine zulässige Frage.

Victor Paul:

Wer sagt das?

Weibliches Gesicht:

Das Protokoll.

Victor Paul:

Na klar – da kann man nichts machen.

Weibliches Gesicht:

Noch einen Moment, es gibt Probleme mit der Datenübermittlung.

Erzähler:

Victor Paul stoppt sein Lächeln und blickt zur Seite. Die Ausläufer des Sandsturms am anderen Ende der Stadt sind deutlich zu spüren. Wahrscheinlich entstehen dadurch die Störungen. Er wendet sich wieder dem Bildschirm zu.

Victor Paul:

Vielleicht nenne ich dich einfach Sam.

Sam (wir hören die Stimme von Victors Ex-Frau):

Victor, wo gehst du hin?
Kannst du nicht bleiben?
Es tut mir leid.

Weibliches Gesicht:

Das wäre unpassend.

Victor Paul:

Ja, ja, du hast recht, Dieter wäre besser.

Weibliches Gesicht:

Ist das ein Witz?

Victor Paul:

Ja. *(lacht)*

Weibliches Gesicht:

Lachen gehört nicht zu meinem Programm.

Victor Paul:

Schade.

Weibliches Gesicht:

Ja.

Erzähler:

Victor Paul ist überrascht. Er hat den Eindruck, das weibliche Gesicht meint es ernst. Doch das ist vollkommen unmöglich, denn …

Weibliches Gesicht:

Sie dürfen eintreten.

Erzähler:

Die schweren Eisentüren öffnen sich. Das schneidende Geräusch des alten Metalls schmerzt in den Ohren. Victor Paul geht hinein.

Der Vorplatz ist mit Sand überzogen und führt leicht bergauf. Zur Rechten ist ein Brunnen, der sich bestimmt über ein paar Tropfen Wasser gefreut hätte, aber das ist seit Jahren verboten. Victor Paul kann sich noch an Regen erinnern. Er fehlt ihm.

Victor Paul:

Er fehlt allen.

Erzähler:

Zur Linken stehen drei Lamas, die interessiert zuschauen, wie er sich dem Haus nähert.

Victor Paul:

Komische Tiere sind das.
Hallo?

Erzähler:

Victor Paul steht vor der Tür des Hauses. Sie ist einen Spalt weit offen. Er hat ein ungutes Gefühl.

Victor Paul:

War ja klar …

Erzähler:

Natürlich, wenn man zu einem Termin am anderen Ende der Stadt kommt und die Tür offen steht, wäre alles andere als ein ungutes Gefühl geradezu idiotisch.

Victor Paul:

Genau. Hallo? Ist da wer?

Erzähler:

Keine Antwort – aber aus dem Haus ist Musik zu hören. Es handelt sich um sehr alte Musik. Er kennt sie. Sein Freund Doran – einer der besten Alkoholbrenner im Roten Bezirk – hat eine Sammlung alter Tonträger. Und ab und zu, wenn sie eine Probeverkostung vornehmen …

Doran:

Das muss gemacht werden.

Erzähler:

… sitzen sie in seiner Brennerei im Keller der alten Autofabrik, die vor knapp 10 Jahren dichtgemacht hat, und hören Platten oder CDs. Ihre Qualität hat gelitten in den Jahren, aber irgendwie geht von ihnen eine gewisse Magie aus. Victor Paul mag vor allem Depeche Mode, eine Band, die Ende des letzten Jahrtausends weltweit erfolgreich war. Damals konnte man noch von Kontinent zu Kontinent reisen und eine sogenannte Konzerttour machen. Abertausende Menschen kamen in Stadien und Hallen und lauschten den Klängen der live und wahrhaftig gespielten Musik.

Victor Paul:

So viele Menschen, nur um …

Erzähler:

Für Victor Paul ein unvorstellbarer Gedanke.

Victor Paul:

… nur um Musik zu hören.

Erzähler:

Den Song aus dem Haus kennt er. Er ist von einer Musikerin, die sich entweder umgebracht hat oder an einer Überdosis Drogen gestorben ist – das war damals noch möglich … er kommt nicht auf den Namen. Seinem schlechten Gefühl zum Trotz geht er in das Haus. Als er die Tür weiter öffnet, taucht auf einem Bildschirm, der seitlich im Türrahmen eingelassen ist, das weibliche Gesicht wieder auf. Victor Paul erschrickt.

Victor Paul:

Oh mein Gott, mach das bloß nie wieder!

Weibliche Stimme:

Entschuldigung, ich wollte Sie nicht erschrecken.

(Pause)

Wer ist „mein Gott“?

Erzähler:

Victor Paul weiß, dass er einen Fehler gemacht hat.

Victor Paul:

Dumm.

Weibliche Stimme:

Wer ist „mein Gott“?

Victor Paul:

Niemand. Wo ist Bouchard?

Weibliche Stimme:

Im Esszimmer, gleich rechts.

Victor Paul:

Mach die Musik aus, … bitte.

Weibliche Stimme:

Wenn ich so nett darum gebeten werde.

Erzähler:

Die Musik verstummt. Victor Paul ist sich nicht sicher, was er von diesem Computerprogramm halten soll. Irgendwie erinnert es ihn an jemanden … Langsam geht er weiter. Das Haus ist ein Sammelsurium von Geschmacklosigkeiten aus allen sechs Kontinenten. Sogar Stücke vom verbotenen Kontinent hängen an den Wänden. Wer ist dieser Bouchard?

Victor Paul:

Ich weiß es nicht.

Erzähler:

Er hat ihn noch nie besucht. Sonst ist Bouchard immer zu ihm in den Zoo gekommen. Victor Paul wohnt in einem alten Haus im Zoo, das früher von den Tierpflegern genutzt wurde, um das Futter vorzubereiten. In den gegenüberliegenden Terrarien hat er perfekte Bedingungen, um eigenen Tabak anzubauen.

Doran:

Das ist guter Stoff, mein Freund!

Erzähler:

Der Kontakt zu Bouchard wurde ihm von einem seiner ersten Kunden, Senator Bergheim, vermittelt. Der ist zwar ein Idiot, aber einer, der immer pünktlich zahlt. Außerdem hält er Victor Paul die Kontrolle vom Hals. Auch muss er, dank der Einflussnahme des Senators, nur alle eineinhalb Jahre zur Untersuchung, was ihm die Möglichkeit gibt, seine Werte gezielt vorzubereiten. Bouchards Werte sind mit Sicherheit weit über dem Erlaubten. Er wiegt mindestens 110 Kilo. Bei so einem hohen Körpergewicht würde ein normaler Bürger schon längst verbannt werden. Victor Paul geht vor bis zu der großen Flügeltür und schaut in den Raum, aus dem seiner Meinung nach auch die Musik gekommen ist.

Weibliche Stimme:

Kommen Sie ruhig herein.

Victor Paul:

Bouchard?

Weibliche Stimme:

Schön, Sie zu sehen, wie geht es Ihnen?

Erzähler:

Victor Paul bleibt stehen.

Er fängt an zu zittern.

Am Ende der langen Tafel sitzt ein dicker Mann in gelbem Bademantel in gebückter Haltung. Sein Oberkörper liegt auf dem Tisch und der Kopf steckt in einem Teller voll echtem Essen.

Victor Paul:

Fehler.

Weibliche Stimme:

Kommen Sie doch zu mir!

Erzähler:

Victor Paul blickt sich um, ob er irgendwo einen Bildschirm sieht, auf dem das Computerprogramm sichtbar ist, doch da ist nichts.

Weibliche Stimme:

Kommen Sie, Herr Tabakhändler, kommen Sie heran.

Victor Paul:

Was soll das, verdammt?

Weibliche Stimme:

Nicht fluchen, Herr Tabakhändler, Sie wissen, das ist verboten.

Victor Paul:

Ist er tot?

Weibliche Stimme:
Natürlich ist er tot.
Victor Paul:
Warum?
Weibliche Stimme:
Spielen Sie gerne, Herr Tabakhändler?
Victor Paul:
Jeder spielt gern.
Erzähler:
Victor Paul ist ein leidenschaftlicher Spieler.
Weibliche Stimme:
Das ist gut, denn das Spiel hat bereits begonnen. Es heißt: Finden Sie den Fehler – los.
Erzähler:
Während Victor Paul mit dem Computerprogramm spricht, hat er sich weiter in den Raum bewegt. Vorsichtig blickt er sich um.
Es besteht die Möglichkeit, dass sich eine weitere Person im Raum befindet. Seine rechte Hand hält er unter der Jacke hinter seinem Rücken, um gegebenenfalls das Messer aus dem Holster zu ziehen.
Weibliche Stimme:
Haben Sie schon eine Idee?
Victor Paul:
Bouchard ist tot.
Weibliche Stimme:
Das wäre zu einfach. Sie enttäuschen mich.
Erzähler:
Victor Paul bleibt stehen. Seine Uhr blinkt, da sich sein Puls über die Normgrenze bewegt hat. Er atmet tief durch. Es kommt ihm alles wie ein Déjà-vu vor.
Victor Paul:
Wer bist du?
Weibliche Stimme:
Wir kennen uns.

Victor Paul:

Das kann nicht sein.

Weibliche Stimme:

Noch 4 Minuten.

Erzähler:

Victor Paul schließt kurz die Augen. Als er sie wieder öffnet, ist es wie vor 20 Jahren. Die Geräusche im Hintergrund verschwinden. Sein Gehirn hat in einen anderen Modus geschaltet. Ihm ist klar, dass die Stimme nicht scherzt. Er hat zwar keine Ahnung, was in 4 Minuten passieren wird, aber er ist sich sicher, dass es nicht zu seinem Besten sein wird. Langsam dreht er sich im Kreis und versucht, das zu finden, was das Computerprogramm als Fehler bezeichnet hat.

Victor Paul:

Denken. Du musst denken.

Erzähler:

Er befindet sich in einem ziemlich kalt und modern eingerichteten Raum. Gemütlichkeit ist hier nicht zu spüren – die gilt als Schwäche der unteren Schicht. Der Innenarchitekt hat sich für Metall und Plastik entschieden. Nur über dem falschen Kamin hängt ein Bild mit Holzrahmen, das die Kolonie Juno auf dem Mond darstellt.

Victor Paul kann sich noch gut an seine Teenagertage erinnern. Das Projekt Juno wurde damals heiß diskutiert.

Victor Paul:

Das waren Zeiten.

Erzähler:

Doch es ist keine Zeit, um in Erinnerungen zu schwelgen.

Victor Paul:

Richtig.

Erzähler:

Wo ist der Fehler?

Victor Paul:

Denken.

Gut, ein dicker Mann steckt mit seinem Gesicht in einer Schüssel Reis. Die Soße drückt sich an seinen Schläfen heraus. Sie ist auf den Glastisch getropft. Seine rechte Hand hängt schlaff nach unten. Die Gabel ist ihm aus der Hand gefallen und liegt auf dem dunkelgrauen Plastikteppich. Wie ist er gestorben?

Weibliche Stimme:

Allergie.

Victor Paul:

Was?

Erzähler:

Allergien sind verboten.

Weibliche Stimme:

Noch 3 Minuten. Erdnüsse.

Victor Paul:

Bouchard hatte echte Erdnüsse in seinem Essen?

Weibliche Stimme:

Ein mächtiger Mann bekommt alles, was er will.

Victor Paul:

Aber wenn er eine Allergie hat … warum soll er sich … Das ist doch Blödsinn … Du warst das.

Weibliche Stimme:

2 Minuten 30 Sekunden.

Victor Paul:

Du erledigst die Bestellungen. Du hast auch den Kontakt zu mir aufgenommen, nachdem mich Senator Bergheim empfohlen hatte.

Weibliche Stimme:

Du scheinst nicht viel von deinen alten Talenten verloren zu haben.

Erzähler:

Ein Pfeifton bohrt sich in Victor Pauls Gehirn. Als würde sich eine alte Erinnerung lautstark wieder in den Vordergrund drängen. Einen solchen Anfall hat er lang nicht mehr gehabt. Er geht in die Knie und wartet, bis das Pfeifen leiser wird.

Victor Paul:

Siris. Du bist Siris.

Weibliche Stimme:

Das ist nicht ganz korrekt. Siris wurde am „Langen Tag“ vernichtet.

Noch 2 Minuten … Oder?

Victor Paul:

Oder was?

Erzähler:

Der Schmerz in Victor Pauls Kopf hat eine eigenartig klärende Wirkung. Seine Gedanken bündeln sich zu einer Erkenntnis. Langsam erhebt er sich und sucht die Anlage. An der Wand gegenüber dem Bild ist eine Art Wandschrank angebracht. Er geht darauf zu.

Weibliche Stimme:

Sehr gut. Bis bald, Tabakhändler.

Victor Paul:

Verpiss dich.

Erzähler:

Victor Paul öffnet das weiße Schränkchen und eine alte Medienanlage kommt zum Vorschein. Er kennt noch die Funktionsweise. Vorsichtig drückt er den Ausgabe-Knopf, dann nimmt er die CD aus dem Gerät.

Victor Paul:

Gute alte Zeit.

Erzähler:

Er wickelt den Datenträger in sein Taschentuch.

Die CD ist der einzige Gegenstand im Raum, der auch schon vor dem „Langen Tag“ existiert hat. Und natürlich er selbst, aber das scheint nicht von Bedeutung.

Victor Paul:

Oder etwa doch? Moment!

Erzähler:

Er schaut sich noch einmal um, dann geht er zu dem Bild der Juno-Kolonie und bricht es aus dem Rahmen.

Vorsichtig rollt er es zusammen und verstaut es, genau wie die CD, sicher in seiner Tasche. Danach verlässt er schnell das Haus. Bei einem kurzen Blick auf den Bildschirm, der in den Türrahmen eingelassen ist, sieht er dort „bis bald" aufleuchten – dann wird der Bildschirm schwarz.
Die Lamas stehen immer noch an derselben Stelle und gaffen ihn an, als er auf sein Fahrrad steigt. Dann hört er Pferdehufe – die „Instanz". Eilig tritt er in die Pedale und biegt rechts hinter ein paar alten Autowracks ab, um nicht gesehen zu werden. Am Himmel kreisen keine Falken.

Victor Paul:

Das ist gut.

Erzähler:

Das heißt, dass die Kontrolle ohne Aufklärer gekommen ist. Er ist wohl nicht wichtig genug. Auf einem Hügel hinter dem Haus sucht er sich einen sicheren Platz und holt sein Fernglas aus der Tasche. Seine Pupillen verengen sich. Er sieht einen ihm bekannten Mann langsam auf das Haus zugehen.

Victor Paul:

Parker. Warum schicken sie Parker?

Erzähler:

… doch nicht so unwichtig? Er steht noch einige Sekunden regungslos da, dann packt er sein Fernglas ein und macht sich auf den Weg ins Zentrum. Er wird seine Auslieferungstour abbrechen. Sein nächster Kunde muss heute ohne Tabak auskommen. Da werden sich die Lungen freuen.

Victor Paul:

Ein Hoch auf die Werte.

Erzähler:

Dann fährt er los. Der Sandsturm kommt näher.

to be continued …

WEIT DRAUSSEN

Im Jahre 2034 hatte die deutsche Weltraumorganisation „Astrid“ eine Sonde in die Weiten des Alls geschickt. In ihr wurden, wie damals 1977 bei der amerikanischen Voyager-Sonde, auf einer goldüberzogenen Kupferplatte Bild- und Audioinformationen über die Menschheit gespeichert. Vornehmlich die der Deutschen, da im Jahre 2034 die nationalen Strömungen dermaßen überhandgenommen hatten, dass jedes Land für sich alleine kämpfte. Die Aufmerksamkeit von möglichen außerirdischen Lebensformen wollte man ausschließlich auf sich lenken, da man der Meinung war, Deutschland sei den anderen Staaten weit voraus.

Auf der Vorderseite der Platte befand sich zudem eine Art Gebrauchsanleitung und eine Karte, die die Position der Sonne in Relation zu 14 Pulsaren zeigte. Das machte man, damit andere Lebensformen auch wussten, wo genau das gute Stück denn herkam.

Über 75 Jahre reiste die Sonde durch das All, bis sie den Planeten M-FG-5050 erreichte. Die Bewohner des Planeten waren technisch und geistig der menschlichen, sogar der deutschen Rasse, um einige 100 Jahre voraus. Darum war es für sie ein Leichtes, die Daten der Platte auszulesen. Es wurde der „Erste Rat“ einberufen, um darüber zu entscheiden, wie mit diesen Informationen umgegangen werden sollte. Einige Wissenschaftler plädierten dafür, die Daten einfach zu ignorieren, da diese Spezies eh dem Untergang geweiht sei. Andere wieder wollten eine Rettungsmission zur Erde schicken, die aber als zu teuer und mit lediglich geringen Erfolgsaussichten eingeschätzt wurde. Darum entschied man sich dafür, nur Deutschland von der Erde zu löschen.

Ausschlaggebend waren schließlich die Musiktitel, die auf der Kupferplatte mitgeschickt worden waren. Außerdem hatten Wissenschaftler des Planeten M-FG-5050 schon vor Jahrzehnten eine Sendung des Erd-Fernsehsenders ARD aufgezeichnet, über die in Forscherkreisen immer noch wild diskutiert wurde. Es handelte sich dabei um die Sendung „Dirndl! Fertig! Los!", die von einem gewissen Florian Silbereisen moderiert wurde. Der Inhalt konnte nicht gedeutet werden. Also entschied man sich für den „Radierer", wie er auf M-FG-5050 genannt wurde. Es handelte sich dabei um eine Art riesigen Laser, der es sogar über Abermillionen von Kilometern hinweg schaffte, zentimetergenau zu arbeiten. Am 4. August war es soweit und der Laser wurde aktiviert. In nur 30 Minuten wurde Deutschland, inklusive der Nord- und Ostseeinseln, fein säuberlich von der Erde entfernt. Die Wissenschaftler waren sehr zufrieden und glaubten, damit hätten sie der Menschheit einen Gefallen getan.

Als nur zwei Tage später die Sonde der österreichischen Weltraumorganisation „Karin" den Planeten M-FG-5050 erreichte und deren Daten ausgelesen wurden, kamen starke Zweifel auf.

ZDF

Briefing für *Kindergeburtstags-Party*

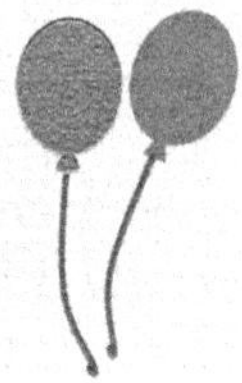

14.30 Uhr Anreise

14.45 Uhr Geschenkeübergabe

15.00 Uhr Catering - Konditorei Pumuckl reicht Muffins
(bitte im angehängten Formular Allergien eintragen)

15.30 Uhr Auftritt Zauberer *Klamaucix* mit Kaninchen
(bitte auch hier Vermerk im Allergieformular, falls nötig)

16.15 -16.20 Uhr Trinkpause

16.25 Uhr Spiele mit den Betreuern der Agentur „Happy Birthday"
(ausgebildetes Fachpersonal)
alle Spiele sind gewaltfrei und genderübergreifend

17.35 Uhr Catering von der Firma „Burger Boys"
Klassischer Burger mit reinem Bio-Rindfleisch oder alternativ
Tomaten-Auberginen-Avocado-Burger

Abholung bis spätestens 18.15Uhr.

Ich freue mich auf dich!
Dein LUKAS

HAPPY BIRTHDAY
Agentur für Geburtstagsfeiern im Großraum München
Fax.: 089 28806241-3

SCHWEINEGRIPPE

Ob ich denn ein Glas Prosecco möchte, fragt mich die rotgesichtige Mutter des Gastgebers. Ich lehne dankend ab, was mir kritische Blicke der anderen Mütter einbringt. So eine Elternrunde hat die gleichen Mechanismen wie eine Mafiaorganisation: Entweder du bist für uns oder du bist gegen uns. Am Ende einer Kindergeburtstagsfeier trifft man zwangsläufig auf andere Eltern. Andere Kinder haben auch Eltern, deshalb ist dies unvermeidbar. Und da mir, wie schon beschrieben, öfters der Hol- und Bringe-Service obliegt, bleibt eben Feindkontakt nicht aus. Das Bad war gerade besetzt, weil sich dort ein Kind, das die Veggie-Burger nicht vertragen hatte, lautstark übergab, und darum hatte ich gar keine andere Wahl, als mich in den Kreis der Elternmafia einzugliedern. Meistens kann man diese Menschen mit debilem Lächeln und ein wenig Smalltalk in Schach halten. Man hofft, dass das eigene Kind bereits angezogen ist, was nie der Fall ist, und man zügig wieder raus in die Freiheit darf. Doch ab und zu muss man reden. Die Themen sind immer die gleichen: Schule und Krankheiten = Hölle.

Unvermeidbar ist hierbei das Thema Impfen. Meine Meinung dazu ist klar: Wir leben nicht mehr im Mittelalter und wenn man sich gegen irgendwas impfen kann, was Schlimmes mit einem machen könnte, dann sollte man das gefälligst tun. Außerdem hat man ja auch eine Verantwortung gegenüber den anderen Menschen in der Gemeinschaft, uiuiui … ich weiß genau, wer jetzt verständnislos den Kopf schüttelt.

Natürlich ist meine Meinungsbildung von meiner Frau mit beeinflusst worden, die Ärztin ist und bei der das Wort „Heilpraktiker“ ein leichtes Reißen hervorruft. Zusätzlich kommt sie noch aus Ostdeutschland, wo erwiesenermaßen gegen alles Bekannte und Unbekannte geimpft wurde. Ich bin mir sicher, wenn die Pest kommt, lacht meine Frau.

Zurück zu der Kindersache: Vor zwei Wochen stand ich wieder einmal im Flur einer Altbauwohnung in München-Schwabing und musste mir von einer hanseatischen Dame, die seit fünf Jahren Babypause macht und jetzt langsam wieder ins Berufsleben einsteigen möchte, anhören, dass Röteln doch gar nicht so schlimm sind … Von einer Sekunde auf die andere, schlagartig, wie von Geisterhand, entführten mich meine Gedanken in eine vergangene Episode der Familiengeschichte der Zinners. Ab und zu können Tagträume eine echte Rettung sein.

Mein Traum brachte mich zurück ins Jahr 2009. In diesem Jahr war der H1N1-Virus schwer dabei, Leute wegzuraffen, und die WHO stampfte einen Impfstoff gegen die sogenannte Schweinegrippe aus dem Boden, der sehr eilig in Massenproduktion ging. Nach nur wenigen toten Mäusen kam der Impfstoff in den Feldversuch. Die Hysterie hatte auch vor unserem Fernseher nicht Halt gemacht, weshalb wir überlegten, ob sich unsere Familie ebenfalls an diesem Test beteiligen sollte. Es wurde der Familienrat einberufen und nach nur sehr kurzer Sitzung hatte man entschieden, mich als Versuchskaninchen zu benutzen. Nach reiflicher Überlegung bin ich mir sicher, dass es damals überhaupt keine Abstimmung gab, wie es eigentlich in den Statuten festgelegt worden war, sondern ich einfach bestimmt wurde, was zur Folge hatte, dass ich nur wenige Tage später, mit weiteren „Freiwilligen“, im Wartezimmer einer Arztpraxis im Herzen Münchens saß. Die Stimmung war nicht euphorisch, aber zuversichtlich. Ich betrachtete gerade die Szene eines Schiffuntergangs im Bild gegenüber an der Wand, als mein Name aufgerufen wurde. „Herr Zimmer“, brav folgte ich ins Labor. Mir fielen sofort einige Filme ein, in denen unbescholtene Bürger in Räumen mit dem Namen „Labor“ in Zombies verwandelt wurden. Gern wählt man

den Szenenaufbau so, dass der Proband von einer Fachkraft in das Zimmer geschoben wird, in dem sich bereits eine andere vermeintliche Fachkraft befindet. Oft steht diese hinter einem Paravent und man sieht nur ihre Silhouette. Die Tür schließt sich – KLOCK – der Blick des Schauspielers wandert zur Tür – ein Geräusch hinter dem Paravent – oft Schmatzen – der Schauspieler kommt näher – Angstmusik setzt ein – der Schauspieler schiebt mit einer Hand den Paravent vorsichtig zur Seite – die Geigen im Angstmusikarrangement werden lauter – das Wesen hinter dem Paravent hat eine nach vorne gebückte Haltung eingenommen – der Schauspieler sagt etwas Unwichtiges wie „Hallo" – das Wesen schüttelt sich nur – nun gesellen sich zu den zwei schon vorhandenen Armen noch zwei krakenartige Fangarme – Schnitt auf die Füße des Probanden, der leicht nach hinten tapst – dann dreht sich das Wesen um – oh Gott, es hat ein Insektengesicht – Naheinstellung der sich weitenden Pupillen des Probanden – Schnitt raus vor die Tür – man hört einen panischen Schrei im Raum hinter der Tür – Schnitt auf das Schild „Labor" an der Tür – Schnitt auf die nächsten Opfer im Wartezimmer, die sich irritiert anschauen, aber natürlich nicht fliehen (Kassenpatienten, die froh sind, überhaupt einen Termin bekommen zu haben, sind nicht so leicht zu vertreiben) – die Angstmusik wird leiser.
„… fühlen Sie sich krank?", kam es aus der Ferne. „Was?", antwortete ich verwirrt. Die hübsche Krankenschwester mit osteuropäischem Akzent wiederholte ihre Frage. Sie wollte wissen, ob ich impftauglich bin. Ich nickte. Im Raum befand sich kein Paravent, auch waren keine Geigen zu hören, was mich beruhigte. Die Krankenschwester, die man wahrscheinlich Arzthelferin nennen muss, lächelte mich an. Dann jagte sie mir peitschenartig eine Spritze in den Oberarm. Sie traf mich vollkommen unvorbereitet. Ich war es eigentlich gewohnt gewarnt zu werden. „Gleich tut es ein bisschen pieksen …" oder „Bitte nicht anspannen, ganz locker …" war anscheinend im Ostblock weniger verbreitet. Auch muss die

jetzt nicht mehr ganz so hübsch wirkende Krankenschwester früher Kraftsportlerin oder Handballspielerin gewesen sein, denn sie hatte mit solcher Kraft die Spritze in meinen Körper gerammt, dass ich das Gefühl hatte, die Nadel würde auf der anderen Seite meines Oberarms wieder herausschauen. Mein Blick wanderte so unauffällig wie möglich nach unten, um die Innenseite meines Oberarms zu betrachten.

„Nicht bewegen“, lautete ihr darauffolgender Befehl. Ihre Stimme erinnerte mich jetzt an Dolph Lundgren als Ivan Drago in Rock IV. Ich gehorchte.

Wurde ich eigentlich desinfiziert? Ich konnte die Frage nicht beantworten. Ich freute mich über ein Pflaster. Mit der Geste eines Platzanweisers wurde ich aus dem Labor entfernt. Leicht benommen verließ ich die Arztpraxis und ging in das sich gleich daneben befindliche Wirtshaus „Donisl“ am Marienplatz, um mich mit einer halben Ente und zwei Weißbier zu beruhigen. Nach dem Verzehr der Lebensmittel ging es mir deutlich besser, weshalb ich mir noch ein Bier und einen Schnaps bestellte. Therapeutisch gesehen war der Wirtshausbesuch ein voller Erfolg. Freudig gelöst radelte ich nach Hause. Den restlichen Nachmittag verdödelte ich mit unwichtigen Sachen und ging früh zu Bett, weil man sich nach so einer Impfung ja auch schonen soll.

Nur wenige Stunden später erwachte ich schweißgebadet. Mein Körper schien mit dem Impfstoff nicht der gleichen Meinung zu sein. Seit frühester Kindheit hatte ich bis jetzt jede Impfung hervorragend vertragen, doch diesmal schien in mir ein Kampf ausgetragen zu werden. Schwindel, Übelkeit, kalter Schweiß, wieder Schwindel – mir ging es nicht gut. Ohne großes Federlesen wurde ich von meiner Frau Doktor ins Wohnzimmer verlegt. Zumindest hatte das Isolierzimmer eine mir bekannte Couch, die mich freundlich in Empfang nahm. Nach einer Nacht voller Qualen ging es mir am nächsten Morgen wieder einigermaßen. Ich verweigerte aber die Nahrungsaufnahme, was meine Frau sichtlich irri-

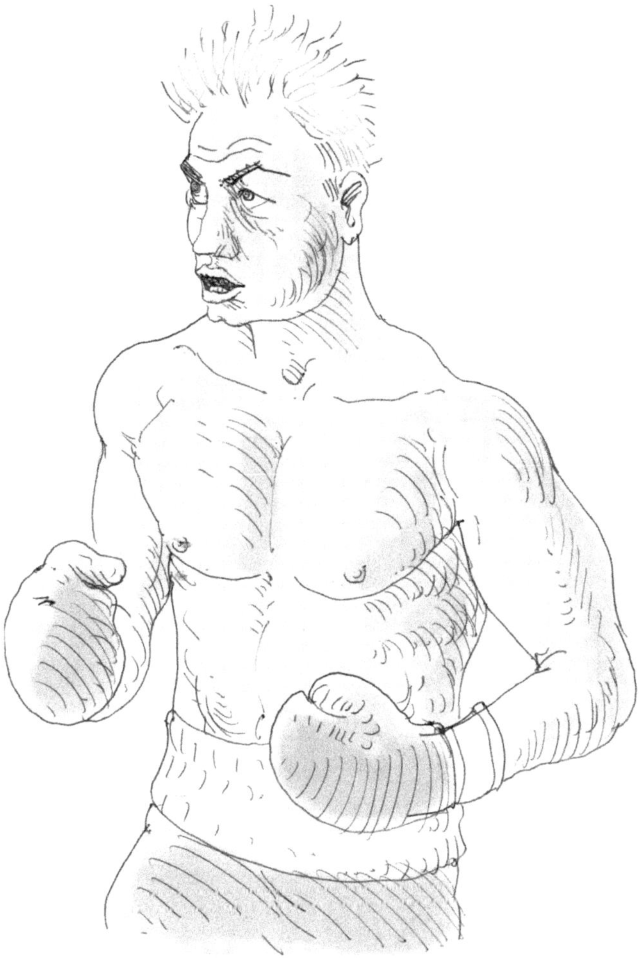

tierte. In den nächsten Tagen verlief meine Genesung jedoch positiv und schnell erlangte ich alte Stärke, woraufhin ich mich wieder in den Familienalltag (inklusive Schlafzimmer) eingliedern durfte. Auf meine Frage, wann denn meine Frau und die Kinder zur Schweinegrippeimpfung gehen würden, antwortete sie nur: „Ach, nein, das machen wir nicht, wir essen dafür mehr Obst!“

Ich kam mir ausgenutzt vor.

Wenige Wochen später wurde der „Donisl“ wegen Hygienemängeln geschlossen, was mich kurz ins Grübeln brachte – aber die Kausalkette wollte sich irgendwie nicht schließen.

Eine hohe Stimme mit norddeutschem Akzent holte mich aus meinem Tagtraum: „Haben Sie gerade Depp zu mir gesagt?“ Ich sah direkt in die weit aufgerissenen Augen der Hanseatin, die nur wenige Zentimeter vor mir entfernt leuchteten.

„Was, nein …“ Mühsam sortierte ich meine Gedanken. „… ich war bei der ganzen Aktion der Depp, meinte ich.“

Die Frau schien nicht zu verstehen.

„Schweinegrippe, 2009 …“

„Oh mein Gott, ja. Oh mein Gott, Sie haben ja so recht.“

Ich hatte keine Ahnung womit, aber die Situation entspannte sich.

Zum Glück kam meine Tochter in dem Moment tatsächlich bemützt und beschalt, und wir verließen eilig die Gesprächsgruppe.

„Wo gehen wir jetzt hin?“, fragte mich meine Tochter.

„Zecken impfen“, antworte ich.

„Du auch, Papa?“

„Nein, nur du.“

DANK AN DIE DREI ???

Justus, Peter und Bob sind immer dabei, wenn unsere Familie in den Urlaub fährt. Und man muss sich an dieser Stelle mal bei den drei Jungs bedanken. Auf unzähligen Autobahnkilometern quer durch Italien, Frankreich, Dänemark, Österreich und nicht zuletzt Deutschland haben sie mir, beziehungsweise mir und meiner Frau, das Leben gerettet. Natürlich ist das übertrieben, aber wenn man in einem Auto mit drei Kindern sitzt, die nach der Ankunftszeit fragen, Hunger haben oder pinkeln müssen, und das natürlich nie gleichzeitig, sondern immer in unterschiedlichen Intervallen, kommt das an eine Nahtod-Erfahrung schon ganz dicht heran. Wenn die Kids aber ihre Kopfhörer aufhaben und eines der Drei???-Abenteuer anhören, kann man mit ihnen sogar eine Erdumrundung starten, ohne einmal anhalten zu müssen.
Ich verstehe das, denn schon in meiner Kindheit waren die Drei ??? die Rettung bei den schier endlosen Fahrten an die Italienische Adria nach Lignano. Ich möchte hier meine Altersgenossen an die großartigen Episoden „Die silberne Spinne“, „Der Karpatenhund“ oder „Die Silbermine“ erinnern. Einzelne Passagen kann ich immer noch auswendig mitsprechen. Wo wir bei einem Problem wären: Man kann die Drei ??? nicht laut zusammen im Auto anhören. Jeder muss seinen eigenen Kosmos haben – bei uns heißt das Kopfhörer. Wir haben es natürlich ausprobiert und ein, zwei CDs im Power-Entertainment-System unseres alten Sharan abgespielt, was aber zu großer Unruhe geführt hat, da es in unserer Familie, ich möchte jetzt keine Namen nennen, eine Person gibt, die „vorerzählt“ … ich weiß nicht, ob es dieses Wort in der deutschen Sprache gibt, aber ich denke, die meisten

wissen, was gemeint ist. Und da man diese Person nicht in die Dachbox sperren darf, das verbietet die Genfer Konvention, und auch nicht an einer Autobahnraststätte vergessen kann, das würde beim Durchzählen auffallen, bleibt nichts anderes übrig, als Kopfhörer aufzusetzen. Hier sei auch noch ein Hoch auf das Verteiler-Kopfhörer-Buchsen-Dings ausgesprochen, das es erlaubt, zwei Kinder mit einer CD stummzuschalten. Wobei, ganz stumm wird es nie und man muss immer wieder durch kurze Handzeichen zu verstehen geben, dass das „Sich miteinander unterhalten mit Kopfhörern auf den Ohren" und die damit verbundene Lautstärke für die anderen Fahrzeuginsassen auf die Dauer ziemlich anstrengend ist. Doch damit kann ich leben.

Also danke an die Drei ??? – die nie sterben dürfen und für immer ihre Visitenkarte abgeben sollen. Rock on.

ANACONDA

Die Lieferung stand mitten in der Einfahrt. Zwei Paletten voll mit Kartons, die dick in Klarsichtfolie eingewickelt waren. Der Fahrer hatte seine Anweisungen strikt befolgt und die Ware, trotz des katastrophalen Berufsverkehrs, pünktlich um 9.30 Uhr an die angewiesene Adresse geliefert. Normalerweise musste der Kunde noch den Eingang der Ware quittieren, aber in diesem Fall, so stand es groß auf dem Lieferschein, war das nicht nötig. Der Fahrer warf die Rechnung in den Briefkasten, stieg wieder in seinen 7,5-Tonner und machte sich auf den Weg.

Alfred H. hatte die Ankunft seiner Vorräte von einem Fenster im ersten Stock aus genau beobachtet. Er zuckte, als der Fahrer die zweite Palette viel zu ruckartig auf dem Asphalt absetzte. Natürlich würde er sich bei der Lieferfirma beschweren. Sicherheitshalber hatte er ein Foto gemacht. Als der Lastwagen um die Ecke bog, ging Alfred H. schnell nach unten. Er entriegelte ein Schloss nach dem anderen und öffnete die Tür. Den Hubwagen hatte er schon in der Nacht in die Einfahrt gestellt, jetzt musste er nur noch mit der Fernbedienung das Tor öffnen. Schnell waren die zwei Paletten in seiner Garage verschwunden. Er blickte sich noch einmal um, dann verschloss er das Tor wieder. Im hinteren Teil der Garage befand sich ein Aufzug, der groß genug war, um ihn und eine Fuhre aufzunehmen. Die Fahrt dauerte zirka 10 Sekunden. Kaum spürbar setzte der Aufzug am Boden auf. Als sich die Türe öffnete, lächelte Alfred H. zum ersten Mal an diesem Tag. Der Bau hatte sechs Jahre gedauert, eine Ehefrau und sein komplettes Erbe verschlissen, doch es hatte sich gelohnt. Hier würde er sicher sein, wenn alles anfing. Zur Linken ging es in den Wohnbereich, dem eine Küche angeschlossen war. Rechts fand man Vorratsräume, ein Bad und das kleine Schlafzimmer. Alfred H. verstaute die erste Fuhre in den dafür vorgesehenen Regalen. Danach ging er geradewegs in sein Heiligtum. Die Metalltür öffnete sich mit einem leichten Zischen, das durch die unterschiedlichen klimatischen Verhältnisse hervorgerufen wurde. Als er eintrat, bildeten sich sofort kleine Schweißperlen auf seiner Stirn. Der Anblick seiner Schätze jagte ihm einen Schauer über den Rücken. Das erste Terrarium beinhaltete eine Grüne Mamba. Sie hieß Uli. Sie wand sich gerade aus dem Obergeschoss der in klein nachgebauten Allianz-Arena. Ihre Zunge überprüfte die Lage. Alfred H. trat nah an die Scheibe.

„Na, Uli, hast du deinen Frosch schon gegessen?"

Er hatte dem Uli extra einen gelb-schwarzen Färberfrosch zum Fressen gegeben, der sollte ihn an den BVB erinnern. Anscheinend hatte es funktioniert. Von dem Frosch war nichts mehr zu sehen und die grüne Mamba hatte einen ziemlich dicken Hals.

Im nächsten Terrarium grub sich gerade eine texanische Bull-Natter in den Sand ein. Sie hieß Beate, der Name seiner geschiedenen Frau. Ihr Biss war tödlich, wie der seiner Ex. In dem gut 25 m^2 großen Raum waren an jeder Seite vier Terrarien, die je eine Fläche von zirka 2,5 m^2 hatten und die von Speziallampen, die dicht darüber angebracht waren, erleuchtet wurden. An der Stirnseite des Raumes befand sich ein einzelnes größeres Terrarium, in dem andere Lichtverhältnisse herrschten. Alfred H. ging langsam darauf zu. Er zog den an der Seite stehenden Klappstuhl zu sich und stellte ihn direkt davor. Drinnen befand sich seine Ex-Frau. Nein, das stimmte nicht, das war nur so ein Gedanke von Alfred H. gewesen, den er schnell verworfen hatte.

In dem Behältnis lag ruhig eine Anaconda. Ein Jungtier aus dem Amazonas-Gebiet, das ihm vorgestern geliefert worden war. In ein paar Jahren würde er sie an einen Zoo spenden.

Dann hätte sie eine Größe erreicht, die den Rahmen seiner Möglichkeiten sprengen würde. Das Terrarium hatte noch keinen Deckel, da das Tier sehr träge war und in dieser Größe noch keine Gefahr für einen Menschen darstellte. Ein bisschen hoffte Alfred H. auch, sie würde mal zu ihm herauskommen. Doch bis jetzt machte sie keinerlei Anstalten. Sie war wirklich sein ganzer Stolz. Er mochte alle seine Tiere, aber die Anaconda begeisterte ihn. In ausgewachsenem Zustand konnte so ein Tier einen ganzen Menschen verschlingen. Der Gedanke gefiel ihm. Diese ganzen Politiker, die nicht merkten, dass alles den Bach runterging, alle würde er am liebsten verschlingen. Langsam sollten sie in seinem Magen verdaut werden und möglichst große Schmerzen erleiden. Die hatten doch alle keine Ahnung. Das Land stand kurz vor dem Kollaps und die ließen sich mit dicken Autos durch die Gegend fahren. Die logen doch nur. Der Aufstand war höchstens noch eine Frage von Tagen, doch er war vorbereitet. Sein Bunker war fertig. 35 Meter unter der Erde hatte er alles, um überleben zu können. Die heutige Lieferung war der Schlusspunkt. Mit den schon eingelagerten Vorräten sollten er und seine Schlangen es mindestens drei Jahre hier aushalten können. Während dieser Zeit hätte sich die Lage an der Oberfläche bestimmt wieder eingependelt. Wenn nicht, würde er mit seinen gehorteten Waffen für Ordnung sorgen. Das war sein Plan. Die Welt da draußen war böse, aber hier unten war es friedlich.
Ihm fiel die zweite Palette der Lieferung wieder ein. Schnell ging er zum Aufzug und holte sie herunter. Nachdem die restlichen Vorräte verstaut waren, holte er eine lebende Maus aus dem Käfig, den er extra für die Mäusezucht gebaut hatte. Rocco, seine Asiatische Bum-Natter, bekam heute was Lebendiges. Sie war schwarz. Ihr Gift war ziemlich hinterhältig. Ihre Beute, zu der Nager aller Art und sogar auch kleine Affen zählten, tötete die übliche Dosis ihres Gifts innerhalb von wenigen Sekunden. Einen Menschen lähmte es und verursachte furchtbare Schmerzen. Kein schöner Gedanke. Vor allem, da

die Wirkung sehr lang anhalten konnte. Alfred H. zog sich sicherheitshalber seine Spezialhandschuhe an. Mit einer Zange hatte er die Maus aus dem Käfig gefischt. Vorsichtig öffnete er mit der linken Hand den Deckel des Terrariums. Rocco schien nicht großartig interessiert zu sein. Er verzog sich hinter einen Stein. Alfred H. bewegte die Maus mit der Zange hin und her, doch ohne große Veränderung. Gut, dann würde er sie halt einfach im Terrarium absetzen und Rocco sollte sie holen, wenn er Lust dazu hatte. Als die Maus nicht mehr von der Zange gehalten wurde, verschwand sie flugs hinter einer Grünpflanze. Sie wird dich kriegen, dachte Alfred H. und zog seinen Arm aus dem Terrarium. Aus dem Augenwinkel bemerkte er ein kleines rotes Licht, das blinkte. Es zeigte ihm, dass oben jemand an seiner Haustüre läutete. Er war nicht sonderlich interessiert, da er heute niemanden mehr erwartete. Beim Verschließen des Deckels hatte sich die Zange zwischen Deckel und Terrarium-Rand gemogelt. Er schob noch einmal kurz den Deckel nach hinten. Während er die Zange herausnahm, sah er, dass Rocco nicht mehr in seiner Ecke war. Sicher würde jetzt die Maus dran glauben müssen. Doch genau in dem Moment schnellte die schwarze Schlange nach oben und biss exakt hinter dem Sicherheitshandschuh in den Arm von Alfred H. Er blickte auf die Wunde, die mit bloßem Auge fast nicht zu erkennen war. Nur zwei winzige rote Punkte deuteten auf einen Biss hin. Ungläubig sah er die Schlange an, die sich, so als wäre nichts gewesen, wieder hinter ihren Stein verzog. Während er umfiel, sah er, wie die Maus an der Scheibe leckte und interessiert zuschaute. Auf dem Fußboden war es kalt. Langsam merkte Alfred H., wie er immer mehr das Gefühl in seinen Händen und Beinen verlor. Ein leichtes Zucken stellte sich ein, verschwand aber dann wieder nach ein paar Minuten. Da lag er nun. Kein Mensch würde ihn suchen. Und wenn, der Aufzug war so konzipiert, dass er ohne seinen Fingerabdruck nicht zu betätigen war. Wenigstens lag er so, dass er seine Anaconda sehen konnte. Das würde sein letzter Anblick sein. Genau bei dem Gedanken öffneten sich die Augen der Riesenschlange. Sie blinkten gelb. Langsam drehte sie den Kopf. Ihre Zunge bewegte sich beständig hin und her. Behutsam hob sich das Tier und glitt an der Glaswand nach oben.

Das rote Licht an der Wand leuchtete wieder auf. Alfred H. versuchte zu schreien, doch sein Körper gehorchte ihm nicht.

Vor seiner Haustüre überlegte der Mann vom Roten Kreuz, ob er es nochmal versuchen sollte. Er hatte doch, während er auf der anderen Straßenseite Spenden gesammelt hatte, hier einen Mann gesehen. Kopfschüttelnd entschied er sich gegen einen erneuten Versuch und strich Alfred H. von der Liste.

5 Jahre später

Im Rahmen einer Wohnungsbau-Initiative wurde das komplette Areal neugestaltet, was zur Folge hatte, dass auch Haus Nummer 23 geräumt werden musste. Das Bauamt hatte sich nach den Besitzverhältnissen erkundigt und herausgefunden, dass der Hausbesitzer Alfred H. vor einem Jahr für tot erklärt worden war. Da seine Ex-Frau kein Interesse an dem Gebäude hatte, stimmte sie einer kleinen Abfindung zu und stellte das Grundstück für die Neuplanung zur Verfügung. Bei den Räumungsarbeiten waren die Arbeiter auf eine seltsame bauliche Eigenheit des Hauses gestoßen. Ein Aufzugsschacht in der Garage führte mindestens 30 Meter in die Tiefe. Da man nicht genau wusste, was sich unter der Garage befand und man somit auch kein schweres Gerät anrucken lassen konnte, kamen Spezialisten, die sich mit Seilen den Aufzugsschacht hinunterließen, um zu überprüfen, was sich dort unten befand. Das Dreier-Team staunte nicht schlecht, als es die Ausmaße des Untergeschosses erkannte. Es roch eigenartig. Ihre Taschenlampen zeigten eine Art Wohnung und Lagerräume. Die Tür in der Mitte stand ein wenig offen. Irgendetwas bewegt sich in dem Raum, in dem sich einige Glasvitrinen zu befinden schienen. Vorsichtig gingen die drei darauf zu.

Plötzlich öffnete sich die Tür einen Spalt breit. Die Schreie der drei waren noch an der Oberfläche zu hören. Unverzüglich wurden sie von ihren Kollegen wieder nach oben geholt. Völlig außer Atem lehnten sie an der noch stehenden Garagenwand. Sie erzählten wild durcheinander. Ihre Stimmen überschlugen sich. Immer wieder waren die Worte „Schlange“ und „groß“ aus dem Durcheinander zu hören.
Zwei Tage später wurde eine sieben Meter lange Anaconda aus dem Bunker von Alfred H. geborgen. Es war anscheinend das einzige Lebewesen, das sich dort unten befunden hatte.

ANHANG

Schwierige Wörter – Erläuterung

Nuttendiesel

Dieses im oberbayerisch-niederbayerischen Grenzgebiet verwendete Wort beschreibt ein unfassbar schlimmes Parfüm, das aber in großen Mengen aufgetragen wird beziehungsweise wurde. Gerade bei Disco-Partys in den frühen neunziger Jahren war es bei einigen Damen sehr verbreitet, *Nuttendiesel* nach dem Motto „viel hilft viel" zu verwenden. Der Orchideen-Effekt, bei dem durch das Verbreiten von üblem Geruch Fliegen zur Begattung angelockt werden sollten, blieb aber, bis auf wenige Einzelfälle, meistens aus.
Mittlerweile hat sich das *Nuttendiesel*-Phänomen interessanterweise auf die männliche Bevölkerung übertragen. Neuerdings sind es Männer im kritischen Alter zwischen 52 und 58 Jahren, die nach dem Motto „viel hilft viel" Unmengen von Aftershave auf ihren Körper schütten. Warum, ist nicht ganz klar, da nur Frauen mit Anosmie, einer sehr schlimmen Geruchsstörung, von dem Duft nicht abgeschreckt werden. Eventuell vermuten einige Männer einen desinfizierenden Effekt, was aber falsch ist. Vielmehr führt die Überdosierung von *Nuttendiesel* zu Juckreiz und Fieber.

Schnösel

Sehr schwierig zu beschreibendes Wesen, dessen Lebensraum sich ursprünglich in der Großstadt befand, das sich jetzt aber auch immer mehr ins Umland ausbreitet.

Passauer Forscher beschreiben den *Schnösel* (stets männlich) als Zwischenwesen, da er krampfhaft versucht, nicht schwul zu wirken, aber durch Auftreten, Erscheinungsbild, Gestik und Mimik genau den gegenteiligen Effekt erzielt. Zudem fahren *Schnösel* häufig Audi, trinken Beck's Gold*, tragen Sommerschals und zu kurze Hosen. Ist sich der Forscher unsicher, wen er vor sich hat, nutzt er den sog. *Schnöseltest.* Dieser besteht schlichtweg darin, einen Kasten Bier (Augustiner) in den 5. Stock eines Wohnhauses zu tragen. Scheitert er, ist er ein *Schnösel.* Kommt er oben an, ist er schwul.

Beck's Gold
Das ist eine ganz schlimme Plörre, die vorgibt, ein alkoholisches Getränk zu sein. Diverse AH-Fußballmannschaften nützen *Beck's Gold* zum Einreiben der Wadln vor einem Spiel.

Bockfotzen
Schwungvolle Form der Watschen, bei der der Getroffene durchaus schwerwiegendere Schäden davontragen kann – ursprünglich beheimatet im Niederbayerischen. Die *Bockfotzen* kann mit der Vor- oder der Rückhand durchgeführt werden. Sie unterscheidet sich von der Watschn vor allem darin, dass die *Bockfotzen* kein Hinweis auf einen Fehler ist, sondern eine Strafe. In der Straubinger Gegend wird die *Bockfotzen* auch als Präventiv-Maßnahme eingesetzt – dies ist aber der Ausnahmefall. Es kommt vor, dass die Getroffenen die Bodenhaftung verlieren. Die Anwendung der *Bockfotzen* bei Minderjährigen ist unter Androhung „schwerer Kerkerhaft" strengstens verboten.

GREMMERS BADEWANNEN DES TODES

Die Badewanne des Todes kann in vielen verschiedenen Formen in Erscheinung treten – in der Findungsphase des Covers für dieses Buch sind unter den Händen von Illustrator Christoph Gremmer einige davon ans Licht getreten. Sie werden dem Leser nicht vorenthalten.

Version „Strombad“

Version „Die Ente des Todes“
und Version „Ente in Todesangst“

Version „Entspannungsbad“

Christoph Gremmer, geboren 1967 in Neuss am Rhein, Studium Freie Malerei und Kommunikationsdesign an der FH München, Zeichenschüler von F. W. Bernstein, arbeitet als Designer und Illustrator für den Bayerischen Rundfunk, lebt in München.

INHALT